(漢)鄭　玄　注
(唐)賈公彦　疏

宋本周禮疏

第一〇册

國家圖書館出

第一〇册目録

周禮疏卷第三十八

唐朝散大夫行大學博士弘文館學士臣賈公彥等撰

司弓矢掌六弓四弩八矢之灋辨其名物而掌其守藏與其出入 釋曰此經與下爲目辨其名物者六弓八矢各有名號物色出入者 注法曲直長短之數 釋曰曲直者謂若王弓頒之受之 注弧弓合九成規已下或合七合五合三是曲者合少直者合多長短者弓人云弓之上制六尺六寸中制六尺三寸下制六尺是其長短也中春獻

弓弩中秋獻矢箙 注弓弩成於和矢箙成於堅箙盛矢器也以獸皮爲之 釋曰矢箙獸皮爲之者案詩云象弭魚箙雖不言用獸蓋魚之似獸者爲之若然此獸則魚一也唯有國語云檿弧箕箙

及其頒之王弓弧弓以授射甲革椹質者夾弓庾弓以授射豻侯鳥獸者唐弓大弓以授學射者使者勞者不用獸皮也

釋曰此經六弓強弱相對而言王弧直往體寡夾庾曲往體多故四者自對先自唐大往來若一故退之在後也

注王弧夾庾唐大六者弓異體之名也往體寡來體多曰王弧往體多來體寡曰夾庾往體來體若一曰唐大甲革革甲也春秋傳曰蹲甲而射之質正也樹椹以爲射正射甲與椹試弓習武也豻侯五十步及射鳥獸皆近射也近射用弱弓則射大侯者用王弧射參侯者用唐大矣學射者弓用中後習強弱則易也使者勞者弓亦用中遠近可也勞者勤勞王事若晉文侯文公受王弓矢之賜者故書椹爲鞎鄭司農云椹字或爲鞎非是也圍師職曰射則充椹質又此司弓矢職曰澤共射椹質之弓矢

言射椹質自有弓謂王弧弓也以此觀之言㪲質者非
釋曰云六者弓異體之名也者即所引弓人之職往體來
體之等是也此據體而言若以色而言即春秋尚書所云
形弓旅弓之等是也云甲革革甲也者欲見甲以革爲之
其實一物也引春秋傳者事在成十六年楚之養由基善
射之事云質正也樹椹以爲射正者謂若賓射之正然也
云射甲與椹試弓習武也者見圃人云澤則共椹質是在
澤宮中試弓習武也云豻侯五十步及射鳥獸皆近射也
近射用弱弓則射大侯者用王弧射參侯者用唐大矣者
此據諸侯言之若據天子則用王弧射虎侯用唐大射熊
侯用夾庾射豻侯也云學射者弓用中後習强弱則易也
者用中謂唐大往來體如一是中也云使者勞者弓亦用
中遠近可也者使有遠有近皆可也云勞者勤勞王事若
晉文侯者謂文侯之命賜之形弓旅弓是也云文公者謂
僖二十八年晉文公敗楚於城濮襄王賜之以形弓旅弓是也

其矢箙皆從其弓

注從弓數也每弓者一箙百矢　釋曰云從弓數也者以
經云矢箙皆從其弓故知從弓數也云每弓者一箙百矢
者案文侯之命及僖二十八年晉文公受弓矢皆云彤弓
一彤矢百雖是所賜之弓矢射之弓矢約同之案詩頌云
束矢其搜毛注云五十矢爲束鄭從之至
此爲百矢者無正文鄭兩從不定也　凡弩夾庾
利攻守唐大利車戰野戰注攻城壘者與其自守者相迫近弱弩發
疾也車戰野戰進退非強則不及弩無王弧王弧恒服強
往體少者使矢不疾　釋曰云攻城壘者城謂城郭壘謂
軍壁若宣公十二年云御靡旌摩壘而還之類也云與其
自守者即城壘也云弩無王弧王弧恒服弦者案上弓有
六等有王弧至此弩以有夾庾等四種故云弩無王弧也
恒服弦者若弓用則服弦不用則弛惟弩則用與不用一
張之後竟不弛故云恒服弦也若然恒服弦用弱者以其
強弓久不弛則就弦弱則隨體不就弦也又王弧往體少

使之恒服弦則使矢不疾故不用也 凡矢枉矢絜矢利火射用諸守城車戰殺矢鍭矢用諸近射田獵矰矢茀矢用諸弋射恒矢庳矢用諸散射 注此八矢者弓弩各有四焉枉矢殺矢矰矢恒矢弓所用也絜矢鍭矢茀矢庳矢弩所用也枉矢者取名變星飛行有光今之飛矛是也或謂之兵矢絜矢象焉二者皆可結火以射敵守城車戰前於重後微輕行疾也殺矢言中則死鍭矢象焉鍭之言候也二者皆可以司候射敵之近者及禽獸前尤重中深而不可遠也結繳於矢謂之矰矰高也茀矢象焉茀之言刜也二者皆可以弋飛鳥刜羅之也前於重又微輕行不低也詩云弋鳧與鴈恒矢安居之矢也庳矢象焉二者皆可以散射也謂禮射及習射也前後訂其行平也凡矢之制枉矢之屬五分二在前三在後殺矢之屬參

分一在前二在後䗳矢之屬七分三在前四在後恒矢之
屬軒輖中所謂志也鄭司農云庳矢讀爲人罷短之罷玄
謂庳讀如痺病之痺痺之言倫比　釋曰鄭知此八矢弓
弩各有四者以上文六弓四弩俱陳於下揔列八矢則知
八矢爲弓弩所設故鄭分之四矢屬弓四矢屬弩也八矢
兩兩相附必知在上者屬弓在下者屬弩者此上文六弓
在上四弩在下故還以在上配弓在下配弩也云枉矢者
取名變星飛行有光今之飛矛是也者案輈人云弧旌枉
矢以象弧也案孝經緯援神契云枉矢射慝考異郵曰枉
矢精狀如流星蛇行有尾見天文志曰枉矢狀大流星是
其妖變之星行時有光故鄭云枉矢者取名變星飛行有
光漢時名此矢爲飛矛故舉以爲說也云或謂之兵矢者
矢人職文云絜矢象焉者謂輕重象枉矢也云二者皆可
結火以射敵守城車戰者故鄭矢人職注以枉絜二矢俱
爲兵矢云前於重後微輕行疾也者以殺矢三分一在前
二在後是最重者也此枉絜二矢則五分二在前三在後

云前於重又微輕微輕對已下矰矢恒矢等為最輕也云
殺矢言中則死者解稱殺矢之名以其最重中則死故也
云鍭矢象焉者亦尢重者也云二者皆可以司候射敵之
近者及禽獸者釋經用諸近射田獵之文云前尢重中深
而不可遠也者以其三分一在前二在後故云尢重中深
故殺名不可遠故用之近射也云結繳於矢謂之矰矰高
也者繳則繩也謂結繩於矢以弋射鳥獸者言矰高者欲
取向上射飛鳥之義也云茀矢象焉者亦結繳為射也云
茀之言刜也二者皆可以弋飛鳥刜羅之也者解結繳以
羅取而刜殺之義云前於重又微輕者此又對枉矢絜矢
五分者是重此於五分之重又微輕於彼以此矢七分故
也引詩者證弋是取禽鳥之義也云恒矢安居之矢也者
案弓人有其人安其弓安其矢安之文則此恒矢軒輖訂
是安居之矢也云痺矢象焉二者皆可以散射也者謂礼
射及習射者已上六矢皆用之攻守及弋射唯此矢云散
射明散射是礼射也其礼射者即此射賓射燕射之等皆

是其習亦於此三射中為之故并言之也云前後訂其行平也者以𦦨矢七分三在前四在後則知此八分四在前四在後即行平也云凡矢之制枉矢之屬至四在後皆矢人職文云恒矢之屬軒輖中所謂志也者既夕記云志一乘軒輖中是也失鄭云痺矢讀為人罷短之罷此依俗讀於義无取玄謂痺讀為痺病之痺痺之言倫比倫此則與安居之義同也此八矢六弓四弩不相酬者以四矢配四弩於義為可以四矢配六弓其數參差不可相當故不得相配但依六弓四弩与矢隨義相當而用之

天子之弓合九而成規諸侯合七而成規大夫合五而成規士合三而成規句者謂之弊弓

釋曰案上注而言而弧射犬侯夾庾射豻侯言之則天子之弓王弧也以其往体寡故合九成規諸侯之弓則唐大以其往来体若一故合七成規大夫之弓則夾庾以其往体多

故合五成規也士之弓則六弓之外句曲合三成規云句者謂之弊弓者但句之至極無過合三合三之外雖別言句者還指合三者而言耳案天子諸侯三侯士與大夫同射近侯與大夫別侯之法今以士合三與大夫弓別者以士與大夫尊卑次暫以合三者託之于士其實士無合三之弓也

注 體往來之衰也往體寡來體多則合多往體多來體寡則合少而圜弊猶惡也句者惡則直者善矣

釋曰云體往來之衰也者此皆據角弓及張不被弦而合之從合九合七合五合三降殺以兩故言衰也云往體寡來體多則合多者據王弧而言云往體多來體寡則合少而圜者據夾庾而說不言唐大者在此二者中間可知

凡祭祀共射牲之弓矢

釋曰言凡語廣則天地宗廟皆有射牲之事

注 射牲示親殺也殺牲非尊者所親唯射為可國語曰禘郊之事天子必自射其牲

釋曰言殺牲非尊者所親唯射為可者案禮記君親制祭詩云執其鸞刀以啓其毛則射外兼

爲而言唯射者彼亦示行之非正制之耳引國語者欲見有射牲之事彼據祭天而言 澤共射椹質之弓矢 注鄭司農云澤澤宮也所以習射選士之處也射義曰天子將祭必先習射於澤澤者所以擇士也已射於澤而后射於射宮射中者得與於祭 釋曰此所共弓矢據王弧故上云王弓弧弓以射甲革椹質引射義欲見射椹質是試弓習武在澤宮也 大射燕射共弓矢如數并夾 注如數如當射者之數也每人一弓乘矢并夾矢箙爾也 釋曰知每人四矢者見大射鄉射禮皆人各乘矢也云并夾矢籣也者矢籣之言出於漢時 大喪共明弓矢 注弓矢明器之用器也士喪禮下篇曰用器弓矢 釋曰云明器之用器也者明器中有用器役器役器中有甲胄干笮用器中有弓矢故鄭還引用器爲證也 凡師役會同頒弓弩各以其物

從授兵甲之儀注物弓有矢箙之屬　釋曰言師役據王巡狩征伐而言與會同異須弓弩則不殊也田弋充籠箙矢共矰矢任籠竹箙也矰矢不在箙者爲其相繞亂將用乃共之　釋曰田謂四時田時弋謂弋鳧與鴈云充籠箙矢者籠箙皆盛矢物及矢皆共之云共矰矢者謂矢之有繳者云矰矢不在箙者以其共增矢在箙下別言之故言不在箙也凡亡矢者弗用則更注更償也用而棄之則不償

繕人掌王之用弓弩矢箙矰弋抉拾釋曰此繕人所掌王王之用弓弩者謂司弓矢選擇大善者入繕人以共王用也注鄭司農云抉者所以縱弦也拾者所以引弦也詩云抉拾既次詩家說或謂抉謂引弦彄也拾謂韝扞也玄謂抉挾矢時所以持弦飾也著右手巨指士喪禮曰抉

用正王棘若擇棘則天子用象骨與鞲扞著左臂裏以韋爲之　釋曰先鄭所解抉拾二家爲說前非後是故後鄭增成其義引士喪禮者欲見凶時有文吉時無文約出吉禮也無正文故云天子用象骨與鞲用韋雖不言與亦同疑可知

掌詔王射注告王當射之節　釋曰王射先行燕禮以大夫爲賓賓與王爲耦所告之事亦如大射禮大射正告公之儀

贊王弓矢之事注授之受之　釋曰案大射禮大射正授弓小臣授矢天子禮繕人授之受之案大僕職巳授之受之此又爲者大僕尊大僕贊時此官助贊也

凡乘車充其籠箙載其弓弩注充籠箙者以矢　釋曰以籠是盛矢器今云充之明所充賓者是矢可知也

旣射則斂之注斂藏之也詩云形弓弨兮受言藏之　釋曰所斂者唯據王所乘車上有弓矢者旣射還斂取藏之引詩證旣射弛而藏之義也

無會計

注亡敗多少不計其王所費損故不會計之釋曰以

槀人掌受財于職金以齎其工釋曰掌受財于職金者謂有罪人出贖之物金罰貨罷故須財者往受之注齎其工者給市財用之直釋曰弓弩矢箙皆是冬官百工造之故云齎其工者給市材用之直也弓六物爲三等弩四物亦如之釋曰弓人唯云弓之長短不言弩之長短蓋當與弓同但無正文故注亦云未聞注三等者上中下人各有所宜弓人職曰弓長六尺六寸謂之上制上士服之弓長六尺三寸謂之中制中士服之弓長六尺謂之下制下士服之弩及矢箙長短之制未聞釋曰云三等者上中下人各有所宜者皆據凡人長短爲上中下士非謂命數者也此經唯言弓弩不言矢箙以下經有矢箙因此弩并云未聞案矢人造矢云五分其長而羽其一注云羽者六

寸其弭六寸則矢長三尺而此云矢未聞者彼矢長三尺約而言之亦無正文且弓之長短既不同明矢亦當有差等其矢之差等未聞及箙亦未聞也但弓六物爲三等不言皆者下别言弩故六弓不言皆下矢八物皆三等言皆者矢八物中兼有弩矢故須言皆也

矢八物皆三等箙亦如之春獻素秋獻成

釋曰案司弓矢注弓弩各有四矢應作四等而言三等蓋據長短爲三等法矢人注矢長三尺者假設言之相弓既無長短之文矢亦未聞長短也若然箙隨矢長則弓弩之矢箙與弓矢齊弩之矢箙亦宜與弩矢齊但矢既未聞故箙亦未聞也

注矢箙春作秋成器成獻素獻成注云形法定爲素飾治畢爲成

釋曰案士喪禮明此矢箙亦然

書其等以饗工

注鄭司農云書工功拙高下之等以制其饗食也玄謂饗酒肴勞之也上工作上等其饗厚下工作下等其饗薄

釋曰案下文與有下上其食此文饗據比酒肴

饗之先鄭以饗爲食共故後鄭不從後鄭不言中饗者舉有上下明有中可知也**乘其事試**

其弓弩以下上其食而誅賞注鄭司農云乘計也計其事之成功也故書試爲考玄謂考之而善則上其食尤善又賞之否者反此　釋曰云故書試爲考後鄭亦從考爲義也**乃**

入功于司弓矢及繕人注功成**凡齎財與其出**

入皆在槀人以待會而攷之亡者闕之注皆在槀人者所齎工之財及弓弩矢箙出入其簿書槀人藏之闕猶除也弓弩矢箙亡者除之計今見在者　釋曰數事皆在槀人者以槀人是弓失官之主故皆有簿書藏之也

戎右掌戎車之兵革使注使謂王使以兵有所誅斬也春秋傳曰戰於殽晋

梁弘御戎萊駒爲右戰之明日襄公縛秦囚使萊駒以戈斬之　釋曰戎右者與君同車在車之右執戈盾備制非常并充兵中使役故云掌戎車之兵革使謂執兵着甲之使也引春秋者文二年左傳文秦晉戰於殽時囚呼萊駒失戈引之者證戎右以兵革使事

詔贊王鼓　注既告王當鼓之節又助擊之　釋曰大僕已贊王鼓此亦同是助擊其餘面也

傳王命于陳中　注爲王大言之也

會同充革車　注會同王雖乘金路猶以革路從行也充之者謂居左也曲禮曰乘君之乘車不敢曠左　釋曰知會同王乘金路者巾車云金路以賓是也此言充革車故知猶以革路從云充之者謂居左也者尊者左載王既不乘故戎右居左贊王處是以引曲禮爲證彼注云君在惡空其位是也

盟則以玉敦辟盟遂役之　注鄭司農云敦器名也辟法也玄謂將歃血者先執其器爲衆陳其載辭使心

皆開辟也役之者傳敦血授當歃者　釋曰先鄭以辟爲法此無取於法義故後鄭爲開辟盟者之心云將歃血者先執其器者凡盟先割牛耳盛於珠盤以玉敦盛血戎右執此敦血爲陳其盟約之辭使心開辟乃歃之

贊牛耳桃茢　注鄭司農云贊牛耳春秋傳所謂執牛耳者故書茢爲滅杜子春云滅當爲厲玄謂尸盟者割牛耳取血助爲之及血在敦中以桃茢拂之又助之也耳者盛以珠盤尸盟者執之桃鬼所畏也茢苕帚所以埽不祥　釋曰引春秋者案哀十七年公會齊侯盟于蒙孟武伯問於高柴曰諸侯盟誰執牛耳季羔曰鄫衍之役吳公子姑曹注云在七年發陽之役衛石魋注云發陽鄭也在十二年武伯曰然則彘也以其魯於齊爲小國故也云玄謂尸盟者割牛耳者尸盟即是小國也云桃鬼所畏也茢苕帚所以埽不祥者殺牲取血旁有不祥故執此二者於血側也

齊右掌祭祀會同賓客前齊車王乘則持馬行則陪乘注齊車金路王自整齊之車也前之者已駕王未乘之時陪乘參乘謂車右也齊右與齊僕同車而有祭祀之事則兼玉路之右然則戎右兼田右與　釋曰云前之者已駕王未乘之時者曲禮曰僕執策立於馬前備驚奔謂未乘時此亦未乘之時在馬前備驚奔也云陪乘者王與僕及車右爲參乘也云齊右與齊僕同車而有祭祀之事則兼玉路之右者齊僕同乘金路唯可據齊時今此經云祭祀不言齊明是兼祭祀乘玉路時爲右可知也以其王路有五其右唯有齊右道右三者不見祀右及田右祭祀時亦名齊田與戰伐俱用兵可以相通故知齊右兼玉路右戎右兼田右也無正文故云與以疑之也凡有牲事則前馬注王見牲則拱而式居馬前卻行備驚奔也曲禮曰國君下宗廟式齊牛　釋曰云王見牲則拱而

式者凡男子立乘前視五巂若有敬事則式式視馬尾當須端拱故云拱而式也居馬前卻行備驚奔也者以其王旣拱而式是以齊右居馬前卻行備驚奔故也引曲禮曰國君下宗廟式齊牛者案彼經云國君式宗廟下齊牛此所引不同者但宗廟尊宜下將彼經爲誤故鄭改之依正而言也

道右掌前道車王出入則持馬陪乘如齊車之儀 注道車象路也王行道德之車 釋曰齊右云王乘則持馬此云王出入則持馬文不同者爲右之義不異不同者互換爲義故也云道車象路也王行道德之車者若言象據飾爲名言道據行道爲稱是以大司馬亦云道車

自車上諭命于從車 注自由 釋曰案馭夫掌馭貳車從車彼注貳車象路之副從車戎路田路之副此所論從車卽彼貳車與彼從車別同名耳

詔王之車儀 注顧式之屬 釋曰禮云式視馬尾顧不過轂

皆是車上威儀故須詔之齊右不云者文不具**王式則下前馬王下則以蓋從**注以蓋從表尊　釋曰蓋有二種一者禦雨二者表尊此則表尊之蓋也

大馭掌馭王路以祀及犯軷王自左馭馭下祝登受轡犯軷遂驅之釋曰此據祭天之時故有犯軷之事云及犯軷者出國門封土爲山象祭軷王在左自馭馭下祝登受取王手之轡犯軷遂驅之而出　注行山曰軷犯之者封土爲山象以菩芻棘柏爲神主既祭之以車轢之而去喻無險難也春秋傳曰跋涉山川自由也王由左馭禁制馬使不行也故書軷作罰杜子春云罰當爲軷軷讀爲別異之別謂祖道轢軷磔犬也詩云載謀載惟取蕭祭脂取羝以軷詩家說曰將出祖道犯軷之祭也聘禮曰乃舍軷飲酒于其側禮家說亦謂道祭　釋曰言行山曰軷者謂水行曰涉山行曰

𡐊云封土爲山象者鄭注月令祀行之禮爲軷壇厚三寸
廣五尺此道祭亦宜然云菩芻棘柏爲神主者謂於三者
之中但用其一以爲神主則可也云既祭之以車轢之而
去喻無險難也者祭天在近郊雖無險難審慎故也引春
秋傳曰者案襄二十八年子大叔云跋涉山川蒙犯霜露
以逞君心是其山行曰軷之事也子春讀軷爲別異之別
者蓋取軷訖行去之意引聘禮大夫道祭者無牲牢
酒脯而已又於旁飲酒餞別故云飲酒於其側也 及

祭酌僕僕左執轡右祭兩軹祭軌乃飲 釋曰此云及祭

酌僕者即上文將犯軷之時當祭左右轂末及軾前乃犯
軷而去酌僕者使人酌酒與僕僕即大馭也大馭則左并
轡右手祭兩軹并祭軌之軾前三處訖乃飲飲者若祭末飲福酒乃始轢軷而去 注故書軹爲軒軓爲範杜子
春云文當如此左不當重重非是書亦或如子春言又云
軒當作軹軹謂兩轊也其或言軷亦非是又云軓當爲範

軓謂車軾前也或讀斬爲簪笄之笄　釋曰云謂兩轊者
轊即轂末云軌當爲軓軓謂車軾前也者案少儀祭左右
軌范乃飲注云周禮大馭祭兩軹祭軌乃飲軌與軹於車
同謂轊頭也範與范聲同謂軾前也若然此云軹少儀作
軌軌與車轍之軌同名此云**凡馭路行以肆夏趨以**
軌少儀云范同是軾前也
采薺釋曰樂師亦有此法彼下有車亦如之即上云行
趨者據步迎賓客法此既馭路亦云行趨者此雖
馭路行趨遲疾唯步迎賓**注**凡馭路謂五路也肆夏采薺
客爲法故雖車不行趨也　**注**樂章也行謂大寢至路門趨
謂路門至應門　釋曰此大馭唯馭玉路而云謂五路者
以大馭雖馭玉路以經云凡所含廣則餘四路亦准玉路爲
法故云五路也若然迎賓客唯乘金路餘四路雖不用迎
賓客至於乘車皆自內而出自外而入經路寢及門故鄭
據大寢爲正也云肆夏采薺樂章也者肆夏在鍾師與九
夏同是樂章可知其采薺雖逸詩既與肆夏同歌明亦樂

章也知行謂大寢至路門趨謂路門至應門者爾雅云堂上謂之行門外謂之趨行雖在堂亦人之行由堂始故發堂至門皆謂之爲行故云行謂大寢至路門趨謂路門至應門也鄭注樂師云及入應門路門亦如之此注不言亦同於彼也若然應門外亦應有樂節但無文故鄭亦不言也

凡馭路儀以鸞和爲節 注舒疾之法也鸞在衡和在軾皆以金爲鈴 釋曰鄭知鸞在衡和在軾者鄭見韓詩傳云升車則馬動馬動則鸞鳴鸞鳴則和應乘車先馬動次鸞鳴乃和應明鸞近馬首和更近後故知鸞在衡和在軾也且案秦詩云韓車鸞鑣毛云鸞在衡鄭云鸞在鑣不從毛義者鄭以田車鸞在鑣乘車鸞在衡此云鸞在衡據乘車而言故也云皆以金爲鈴者鼓人掌四金鈴則四金之類故知用金爲之乃可得有聲也

戎僕掌馭戎車 注戎車革路也師出王乘以自將 釋曰此云戎車巾車云革路建大

白以即戎故云戎車華路也　掌王倅車之政正其服　注倅副也服謂衆乘戎車者之衣服　釋曰鄭注坊記云僕右恒朝服據非在軍時若在軍則服韋弁服衆乘戎車者之衣服謂此服也言衆乘戎車者之服則副車十二乘及廣闕苹輕之倅皆是也　犯軷如玉路之儀

凡巡守及兵車之會亦如之　注如在軍　釋曰云如在軍者謂如其犯軷巡狩及兵車會亦乘華路若乘車之會即乘金路也　掌凡戎車之儀　注凡戎車衆之兵車也書序曰武王戎車三百兩　釋曰云凡語廣故知衆兵車即三百兩也案武王伐紂時王自巡六師則有六軍千乘及諸戎狄三分二諸侯其車多矣只有三百兩者據在陳與紂戰者而言

齊僕掌馭金路以賓　注以待賓客　釋曰此經與下爲目所待賓客即下文是

也

朝覲宗遇饗食皆乘金路其灋儀各以其等爲車送逆之節注節謂王乘車迎賓客及送相去遠近之數上公九十步侯伯七十步子男五十步司儀職曰車逆拜辱又曰及出車送釋曰受享於廟則迎之大行人云上公九十步介九人擯者五人廟中將幣三享鄭注云朝先享不言朝朝正禮不嫌有等是春夏受贄於朝無迎法受享則有之秋冬一受之於廟亦無迎法故郊特牲云覲禮天子不下堂而見諸侯是受贄受享皆無迎法今言朝覲宗遇饗食皆乘金路者謂因此朝覲宗遇而與諸侯行饗食在廟即有乘金路迎賓客之法也云上公九十步已下大行人文彼據受享於廟非饗食禮也引之○者欲見饗食迎賓與受享同司儀所云亦據受饗食之禮也

道僕掌馭象路以朝夕燕出入其灋儀如齊

車注朝夕朝朝莫夕　釋曰朝朝莫夕在正朝來往而言燕者以其在宮中行車皆稱燕　掌貳車之政令注貳亦副　釋曰上文戎僕倅車云副故此云貳亦副也

田僕掌馭田路以田以鄙注田路木路也田田獵也鄙循行縣鄙　釋曰云田路木路也者案巾車云木路建大麾以田故知田路即木路也云田田獵也者據四時田也云鄙循行縣鄙者謂在百里外六遂之中王巡六遂縣鄙則六鄉州黨巡之可知舉遠以明近也　掌佐車之政注佐亦副　釋曰天子尊故戎車田車之貳有別名諸侯卑戎車田車之貳同曰佐無倅名是以檀弓云戰於乘丘公隊佐車授綏少儀注亦云朝祀之副曰貳戎獵之副曰佐也　設驅逆之車注驅驅禽使前趨獲逆銜還之使不出圍　釋曰案王制云大夫殺則止佐車注車止則百姓田獵彼佐車則此驅逆之車也　令獲

者植旌注以告獲也植樹也　釋曰案山虞植旗屬禽此官又云植旌比禽者彼此共其事故並見之

及獻比禽注田弊獲者冬獻其禽比種物相從次數之　釋曰大司馬春火弊夏車弊秋羅弊冬徒弊弊止也田止百姓所得禽大獸公之小禽私之公之者獻於旌下每禽擇取三十其餘爲主皮之射而取之故云比種物相從次數之也

凡田王提馬而走諸侯晉大夫馳注提猶舉也晉猶抑也使人扣而舉之抑之皆止奔也馳放不扣　釋曰凡田亦謂四時田天子發抗大綏諸侯發抗小綏大夫下君不得云綏云大夫發止佐車其時有提馬晉馬之事公提遲於馳皆取尊者躬促之義也

馭夫掌馭貳車從車使車注貳車象路之副也從車戎路田路之副也使車驅逆之車　釋曰知貳車是象路之副者以道僕云掌貳車之政令故知之也知從車是戎路田路之副者見戎

僕與田僕俱不言貳田與戎俱是職煩故知兼此二者也不掌王路金路之副者二者事暇蓋車僕不共掌也知使車是驅逆者以使役勞劇之事故知是驅逆之車也

分公馬而駕治之 注乘彌六種之馬 釋曰趨馬自主駕脫故知此駕駕治者是調習之也

校人掌王馬之政 注政謂差擇養乘之數也月令曰班馬政 釋曰此經與下為目下不有邦國及家而云王馬者以尊為主鄭云政謂差擇養乘之數也者經辯六馬是差擇也下云凡頒良而養乘是養乘也引月令者謂季秋之令彼注云馬政謂齊其色度其力使同乘引此職凡軍事物馬而班之皆是馬政故引為證也

辨六馬之屬種馬一物戎馬一物齊馬一物道馬一物田馬一物駑馬一物 注種謂上善似母者以次差之玉路

駕種馬戎路駕戎馬金路駕齊馬象路駕道馬田路駕田馬駑馬給宮中之役　釋曰六者皆有毛物不同故皆以物言之也此六者先善後惡次第而言也種馬上善似母者以其言種故知似母但種類亦有似父而言似母者以母爲主也知種馬駕玉路已下差次如此者以其言戎道田以事爲名則知戎馬駕戎路道馬駕道車田馬駕田路以此而言種馬最在上駕玉路可知駑馬最在下五路之外給役可知

凡頒良馬而養乘之乘馬一師四圉三乘爲皁皁一趣馬三皁爲繫繫一馭夫六繫爲廄廄一僕夫六廄成校校有左右駑馬三良馬之數麗馬一圉八麗一師八師一趣馬八趣馬一馭夫

釋曰言須良馬對下別言駑馬養馬有多少不同故別言良馬也言養乘之者巳下皆四四爲耦是因養而乘習之

注 良善也善馬五路之馬鄭司農云四匹爲乘養馬爲圉故春秋傳曰馬有圉牛有牧玄謂二耦爲乘師趣馬馭夫僕夫帥之名也趣馬下士御夫中士則僕夫上士也自乘至廄其數二百一十六匹易乾爲馬此應乾之筴也至校變爲言成者明六馬各一廄而王馬小備也校有左右則良馬一種者四百三十二匹五種合二千一百六十匹駑馬三之則爲千二百九十六匹五良一駑凡三千四百五十六匹然後王馬大備詩云騋牝三千此謂王馬之大數與麗耦也駑馬自圉至馭夫凡馬千二十四匹與三良馬之數不相應八皆宜爲六字之誤也師十二匹趣馬七十二匹則馭夫四百三十二匹矣然後而三之既三之無僕夫者不駕於五路卑之也 釋曰云善馬五路之馬者據上文而言之也春秋傳曰者昭七年楚芋尹無宇執人於王宮言馬有圉牛有牧引之證養馬爲圉也玄

謂師趣馬騶夫僕夫帥之名也者皆以寡領衆故知主帥之名也云趣馬下士騶夫中士則僕夫上士也序官有趣馬下士皁一人徒四人騶夫中士二十人無僕夫士數之文以此文官尊者管卑者騶夫既中士明僕夫上士可知云自乘至廏其數二百一十六匹易乾爲馬此應乾之筴也者案易天一生水北方地二生火南方天三生木東方地四生金西方天五生土中央是謂陽無匹陰無耦又地六成水北方天七成火南方地八成木東方天九成金西方地十成土中央是謂陽有匹陰有耦龜取生數一二三四五蓍取成數六七八九十若然東方南方生長之方故七爲少陽八爲少陰西方北方成熟之方故九爲老陽六爲老陰不取十者中央配四方故也是以易之六爻卦畫七八爻稱九六七八九六既配四方故九六皆以四乘之乾之六爻以四乘九四九三十六六爻故二百一十六是爲乾之筴也云校有左右則良馬一種者四百三十二匹者經云六廏成校校據一廂言之王馬小備下云校有左

右則十二廄爲十二閑若據一廂一廄爲二百一十六匹
據兩廂倍之故四百三十二匹種別四百三十二匹五種
計之自然摠合二千一百六十匹又蓋駑馬三良馬之數
三个四百三十二則得千二百九十六匹五良一駑摠計
自然凡三千四百五十六匹對前小備故云然後王馬大
備也詩云騋牝三千此衛文公滅而復興徙而能盛計諸
侯止合六閑馬其三千是王馬之數雖非禮制國人美之
故鄭云王馬之大數言大數者不言四百五十六故也言與
者約同王馬之數故言與以疑之也云駑馬自圉至馭夫
凡馬千二十四匹與三良之數不相應者依經八計之得
此千二十四匹其三良馬有千二百九十六匹故言不相
當若作六計得千二百九十六匹與三良馬數合故破從
六也案此經乘馬一師四圉三乘爲皁皁一趣馬三皁爲
繫繫一馭夫案序官云趣馬下士皁一人徒四十人即此
以云皁一趣馬合自師至馭夫中士二十人下士四十人
并之六十正充此良馬之馭夫又不見駑之馭夫者或脱

也天子十有二閑馬六種邦國六閑馬四種家四閑馬二種注降殺之差每廐爲一閑諸侯有齊馬道馬田馬大夫有田馬各一閑其駑馬則皆分爲三焉 釋曰天子十二閑六種義已在上云諸侯有齊馬道馬田馬大夫有田馬各一閑其駑馬皆分爲三焉者以駑馬三良之數上下同故爲此解趙商問校人職天子有十二閑六種爲三千四百五十六匹邦國六閑馬四種爲二千五百九十二匹家四閑馬二種千七百二十八匹商案天子之卿采地食小都大夫食縣不審所由當能共此馬數故禮記家富不過百乘謂其多也司馬法論之甸方八里有戎馬四匹長轂一乘今大夫采地四甸一甸稅又給王其餘三甸纔有馬十二匹今又就校人之職相校甚異何荅曰邦國六閑四種其數適當千二百九十六匹家有四閑二種又當八百六十四匹今子以何術計之乎此馬皆君之所制爲非謂民賦畿內百里之

國者居四都五十里之國居四縣二十五里之國居四甸而引天子卿食小都大夫食縣欲何以難又司馬法甸有戎馬四匹長轂一乘此爲民出軍賦無與於天子國馬之數事條未理而多紛紜趙商云邦國二千五百九十二匹者謂三良一良四百三十二匹三良千二百九十六匹駑三其一種亦千二百九十六匹故合爲二千五百九十二匹家四閑馬二種爲千七百二十八匹謂良馬一種四百三十二匹駑馬一種三良馬一種亦千二百九十六匹并之千七百二十八匹正合於數鄭不從者天子十二閑分爲左右一種馬分爲兩廄故一種馬有四百三十二匹諸侯及大夫直一廂不分爲左右則良馬唯有三廄三良居三廐其數六百四十八匹駑馬亦三其一種其數亦六百四十八匹并之千二百九十六匹家有二種一良一駑良居一廐二百一十六匹駑馬三之爲六百四十八匹并之爲八百六十四匹故鄭氏云子以何術計之

凡馬特居四之一注欲其乘之性相似也[illegible]

同氣則心一鄭司農云四之一者三牝一牡　釋曰云欲其乘之性相似也者是使三牝各産其一通牡爲四共駕一車取同氣一心之義　春祭馬祖執駒　注馬祖天駟也孝經說曰房爲龍馬鄭司農云執駒無令近母猶攻駒也二歲曰駒三歲曰駣玄謂執猶拘也春通淫之時駒弱血氣未定爲其乘匹傷之　釋曰馬與人異無先祖可尋而言祭祖者則天駟也故取孝經說房爲龍馬是馬之祖春時通淫求馬蕃息故祭馬祖先鄭云二歲曰駒三歲曰駣爾雅文云玄謂春通淫之時駒弱血氣未定爲其乘匹傷之者論語孔子云血氣未定戒之在色馬亦如此故引之而言也案月令仲夏縶騰駒注云爲其牡氣有餘相蹄齧彼牡氣有餘相蹄齧縶之不爲駒弱者縶有二種此謂二歲者彼據馬之大者故不同也　夏祭先牧頒馬攻特　注先牧始養馬者其人未聞夏通淫之後攻其特爲其蹄齧不可乘用鄭司農云攻特謂騬之　釋

曰知先牧是養馬者以其言先牧是放牧者之先知是始養馬者祭之者夏草茂求肥充云攻特者夏通淫後攻其特爲其相蹄齧不可乘用故也

秋祭馬社臧僕 注馬社始乘馬者世本作曰相土作乘馬鄭司農云臧僕謂簡練馭者令皆善也玄謂僕馭五路之僕 釋曰秋祭馬社者秋時馬肥盛可乘用故祭始乘馬者秋而臧僕者亦秋時萬物成斂之使善

冬祭馬步獻馬講馭夫 注馬步神爲災害馬者獻馬見成馬於王也馭夫馭貳車從車使車者講猶簡習 釋曰馬神稱步謂若玄冥之步人鬼之步之類步與酺字異音義同云獻馬見成馬於王也者以秋時萬物成亦獻成馬於王也云馭夫馭貳車從車使車者馭夫文也云講猶簡習者亦謂秋時物成講之使成也

凡大祭祀朝覲會同毛馬而頒之 注毛馬齊其色也頒授當乘之 釋曰此三者皆須馬從王故知毛馬而頒之爲齊

其色者案毛詩傳云宗廟齊豪尚純也戎事齊力尚強也田獵齊足尚疾也爾雅亦云雖據宗廟至於田獵軍旅既尚疾尚力亦尚色也故下云凡軍事物馬而頒之是尚力也詩云四騵彭彭武王所乘又云四鐵孔阜秦襄公以曰是齊色不專據宗廟

飾幣馬執扑而從之注鄭司農云校人主飾之也幣馬以馬遺人當幣處者也聘禮曰馬則北面奠幣于其前士喪禮下篇曰薦馬纓三就入門北面交轡圉人夾牽之馭者執策立于馬後　釋曰先鄭云以馬當幣處者見經云飾幣馬馬可飾幣非可飾之物又見下文凡國之使者共其幣馬注云使者所用私覿則知此直以馬遺人無幣且王家遺人無庭實故覲禮勞侯氏用璧無庭實也引聘禮者案聘禮此謂賓入境展幣時布幕訖皮則陳於幕上馬則於幕南北面奠幣於其前引之者證彼則有幣有馬引士喪禮下篇者據將葬朝廟時陳設之事馬爲擬乘車所駕故薦之纓三就者謂馬鞅三成舒之入門北面者陳之於

廟庭也言交轡者士兩馬二人
牽之引之者證馬有飾之事也 凡賓客受其幣馬
注賓客之幣馬來朝聘而享王者 釋曰言賓客來朝享
王者大行人云廟中將幣三享者是也使客來聘享王者
玉人職瑑圭璋璧
宗以覜聘者也 大喪飾遣車之馬及葬埋之
注言埋之則是馬塗車之芻靈 釋曰言遣車則雜記注
天子九乘苞大遣奠牲體乘別大牢苞九个入壙藏之於
椁内覸外者云塗車芻靈者案檀弓孔子云塗車芻靈
自古有之謂爲俑者不仁偏謂偶人所作孔子善古而非
周則古以泥塗爲車芻靈謂以芻草爲人馬神靈至周塗
車仍存但刻木爲人馬若古者芻靈今鄭云塗車之芻靈
則是仍用芻靈與檀弓違者至周實用俑者但
鄭舉古之芻靈況周耳非謂周家仍用芻靈也 田獵則
帥驅逆之車 注帥猶將也 釋曰驅逆之車田僕
設之但校人主車馬帥領田僕而已 凡

將事于四海山川則飾黃駒 釋曰謂王行所過山川設祭禮之然後去則殺黃駒以祭之山川地神土色黃故用黃駒也 注四海猶四方也王巡守過大山川則有殺駒以祈沈禮與玉人職有宗祝以黃金勺前馬之禮 釋曰云四海猶四方也者王巡守唯至方岳不至四海夷狄故以四海爲四方云有殺駒以祈沈禮與者爾雅云祭山曰庪縣祭川曰浮沈今鄭云以祈沈者摠解過山川二事言與者爾雅據正祭此則行過之約與彼同故云與以疑之也引玉人職者案彼有大璋中璋邊璋過大山川用大璋過中山川用中璋過小山川用邊璋下云黃金勺青金外朱中此三璋之勺也云黃金勺者即彼三璋之勺也云前馬之禮者以黃金勺酌酒禮山川在馬牲前之禮引之者證過山川設禮用馬牲之事也

凡國之使者共其幣馬 注使者所用私覿 釋曰言國之謂王使之下聘問諸侯王行禮後乃更以此幣馬

私與主君相見謂之私覿諸侯之臣與君同行不得私覿若特聘則有之則聘禮私覿是也若然上文飾幣馬是以馬遺人法非聘故無私覿前賔客來朝聘不言私覿者諸侯之臣於天子不敢行私覿故也 凡軍事物馬而頒之注物馬齊其力 釋曰上朝會言毛馬鄭云齊其色此軍事言物馬鄭云齊其力物即是色而云齊力當與上文互以見義欲見皆有力有色也 等馭夫之禄注馭夫於趣馬僕夫爲中舉中見上下 釋曰掌養馬者有趣馬馭夫僕夫三者皆須等其禄獨云馭夫故鄭云舉中見上下宫中之稍食注師圉府史以下也鄭司農云稍食曰稟 釋曰上云馭夫之等言士已上訖故知此是師圉府史以下中仍有胥徒之等也

趣馬掌贊正良馬而齊其飲食簡其六節

注贊佐也佐王者謂校人臧僕講馭夫之時簡差也節猶量
也差擇王馬以爲六等　釋曰鄭云佐正者校人臧僕講
馭夫之時者以其校人是養馬官之長校人旣有此諸事
而云佐正明佐此二者可知云差擇王馬六等即上種戎
齊道田駑是也　**掌駕說之頒**　注用馬之第次當均勞逸故駕說須依次第　釋曰凡用馬即頒是第次之序故知是用馬之第次也　**辨四時之居治以聽馭夫**　注居
謂牧庌所處治謂執駒攻特之屬　釋曰云居
治者謂二月已前八月已後在廄二月已後八月已前在
牧故云四時也云牧庌者放牧之處皆有庌廄以蔭馬也
以趣馬下士屬馭夫中士故云聽馭夫知治是執駒攻特
者以是校人之事趣馬當佐之明是此二事也

巫馬掌養疾馬而乘治之相醫而藥攻馬

疾受財于校人釋曰巫知馬祟醫知馬疾疾則以藥治之祟則辨而祈之二者相須故巫助醫也云受財者謂共祈具及藥直注乘謂驅步以發其疾知所疾處乃治之相助也

馬死則使其賈粥之入其布于校人注布泉也鄭司農云賈謂其屬官小吏賈二人粥賣也

牧師掌牧地皆有厲禁而頒之注頒馬授圉者所牧處釋曰圉人掌養馬者故圉人職云掌養馬芻牧之事言厲禁者謂可牧馬之處亦使其地之民遮護禁止不得使人輙牧生馬也

孟春焚牧注焚牧地以除陳生新草釋曰孟春謂夏之孟春建寅之月草物將出之時焚燒牧地除陳草生新草也

中春通淫注中春陰陽交萬物生之時可以合馬之牝牡也月令季

春乃合累牛騰馬遊牝于牧秦時書也秦地寒涼萬物後動　釋曰案月令季春乃合累牛騰馬游牝於牧彼注云此月可以合牛馬繫在廄者其牝欲游則就牧而合之若然彼不繫在廄亦二月通淫則與此經合矣今此注以爲月令秦時書秦地寒涼萬物動與彼注不同者鄭君兩解故彼此不同也

掌其政令凡田事贊焚萊　注焚萊者山澤之虞　釋曰焚萊自是山澤之虞當二月焚萊除陳生新之時則此官贊山澤之虞也

廋人掌十有二閑之政教以阜馬佚特教駣攻駒及祭馬祖祭閑之先牧及執駒散馬耳圉馬　注九者皆有政教焉阜盛壯也詩云四牡孔阜杜子春云佚當爲逸鄭司農云馬三歲曰駣二歲

曰駒散讀爲中散大夫之散謂騬馬耳毋令善驚也玄謂逸者用之不使甚勞安其血氣也教駣始乘習之也攻駒騬其蹄齧者閑之先牧先牧制閑者散馬耳以竹括押其耳頭動搖則括中物後遂串習不復驚 釋曰云掌十有二閑之政者此文與下九者爲目故鄭云九者皆有政教焉引詩者證皁爲盛義也子春以佚爲逸後鄭從之增成其義先鄭散讀爲中散大夫之散取音同也謂括馬無令善驚後鄭亦增成其義從鄭云閑之先牧先牧制閑者以其通閑言之也若然上云夏祭先牧者直是先養馬者非制閑之人

正校人員選 注校人謂師圉也正員選者選擇可備員者平之 釋曰知校人是師圉者凡言正者以尊正卑自趣馬巳上並上官非庾人所正故知所正者師圉

馬八尺以上爲龍七尺以上爲騋六尺以上爲馬 注大小異名爾雅曰騋牝驪牡玄駒褭驂鄭司農說以月令曰駕蒼龍 釋曰引爾

雅所釋釋詩騋牝三千但詩直言牝不言牡爾雅之意以詩人美衛文公直牝有三千其實兼有牡故云騋中所有牝則驪色牡則玄色兼有駒褭驂引之者證騋是馬色先鄭引月令者謂春之三月天子聽朔及祀帝皆駕蒼龍順時色引之以證龍是馬也

圉師掌教圉人養馬春除蓐釁廏始牧夏庌馬冬獻馬射則充椹質茨牆則翦闔

注蓐馬兹也馬既出而除之新釁焉神之也春秋傳曰凡馬日中而出日中而入故字庌爲訝鄭司農云當爲庌玄謂庌廡也廡所以庇馬涼也充猶居也茨蓋也闔苫也椹質翦闔圉人所習也杜子春讀椹爲齊人言鈇椹之椹椹質所射者習射處　釋曰圉師即校人云良馬乘一師四圉者也云夏庌馬者即趣馬辨四時之居是也

云冬獻馬者即校人冬獻馬尊卑連事相成者也春秋傳
者左氏莊二十九年新延廏書不時延廏當於馬時故云
凡馬日中而出日中而入謂春分秋分時令之孟春新延
廏故云不時也云圉人所習也者莝取摧斬莝則苫蓋之
類也皆圉人所習之事子春云椹質所射者習射處者案
司弓矢云澤則共椹質之弓矢此云射則充椹質皆謂澤
宮中試弓習武時所充也

圉人掌養馬芻牧之事以役圉師注役者圉師使令焉　釋曰乘馬一師四圉四圉人受圉師之所使令爲凡賓客喪紀牽馬而入陳注賓客之馬王所以賜之者詩云雖無予之路車乘馬喪紀之馬啓後所薦馬　釋曰雖同牽馬入陳賓客與喪紀所陳有異何者若據賓客則在館天子使人就館而陳之若喪紀則謂將葬朝廟時既夕禮薦馬纓三就者是也天

子朝廟亦當在祖廟中陳設明器之時亦遣人薦馬
及纓入廟陳之此馬謂擬駕乘車吉器最先者也　廞

馬亦如之注廞馬遣車之馬人捧之亦牽而入陳
釋曰此遣車之馬遣車則天子九乘載所苞遣
奠以入壙皆人捧之云亦牽而入陳者亦於祖廟陳此明
器也但遣車及馬各使人別捧故上注云行則解脫之是也

周禮疏卷第三十八

周禮疏卷第三十九

唐朝散大夫行太學博士弘文館學士臣賈公彥等撰

職方氏掌天下之圖以掌天下之地辨其邦國都鄙四夷八蠻七閩九貉五戎六狄之人民與其財用九穀六畜之數要周知其利害

釋曰此文與下爲目云辨其邦國據畿外諸侯都鄙據畿內采地先邦國尊諸侯也云四夷者據四方之夷揔目諸方以九貉當注天下之圖如今司空輿地圖也鄭司農云東夷之𧈧東方曰夷南方曰蠻西方曰戎北方曰貉狄玄謂閩蠻之別也國語曰閩芊蠻矣四八七九五六周之所服國數也財用泉穀貨賄也利金錫竹箭之屬害神

姦鑄鼎所象百物也爾雅曰九夷八蠻六戎五狄謂之四海　釋曰大司徒云掌建邦之土地之圖注云地之圖若今司空郡國輿地圖此注不言郡國者彼直掌九州不言夷狄九州之內有邦國故以郡國言之此職方兼主夷狄夷狄中漢時不置郡國惟置校尉掌之故此注亦不言郡國也先鄭云東方曰夷者以經云四夷即爲東夷也然夷之數皆言九於此獨言四不得即以爲始此不先言九夷者以其巳有四夷之名爲目不可重言九夷故先從南數之也又云北方曰貉狄者先鄭旣以四夷爲東方夷即以貉狄揔屬北方也玄謂閩蠻之別也國語曰閩芊蠻矣者案鄭語史伯曰蠻芊蠻矣注云謂上言叔熊避難於濮蠻隨其俗如蠻人也故曰蠻彼不作閩者彼蓋後人轉寫者誤鄭玄以閩爲正叔熊居濮如蠻後子孫分爲七種故謂之七閩也案經閩雖與蠻七八別數本其是一俱屬南方也云四八七九五六周之所服國數也者鄭志趙商問職方氏掌四夷八蠻七閩九貉五戎六狄之數注云周之所服國數

禮記明堂位曰周公六年制禮作樂朝諸侯於明堂有朝
位服事之國數夷九蠻八戎六狄五禮之事異未達其數鄭
荅職方氏四夷四方夷狄也九貉即九夷在東方八蠻在
南方閩其別也戎狄之數或六或五兩文異爾雅雖有其
數耳皆無别國之名校文甚明故不定若然爾雅之數與
明堂同皆數耳無別國之名校其錯可知今五六者正是
數耳其事鄭不甚明之未知何者是故不定一禮兩禮俱
從是以不著其錯誤案詩序云蓼蕭澤及四海注云九夷
八狄七戎六蠻謂之四海復與爾雅及禮皆不同者蓼蕭
或後人轉寫者誤當以爾雅與禮爲正也云財用泉穀貨
賄也者財用爲泉穀貨財疏已備九賦者也云利金錫竹
箭之屬者案下經其利有金錫竹箭之屬是也云害神姦
鑄鼎所象百物也者宣三年楚子問鼎之輕重王孫滿對
云夏之方有德遠方圖物貢金九牧鑄鼎象物百物而爲
之備使民知神姦是也引爾
雅者見數與此不同之意也 乃辨九州之國使同貫

利注貫事也　釋曰職方主九川之事故須分別九州之國貫事也使同其事利不失其所也東南

曰揚州其山鎮曰會稽其澤藪曰具區其川

三江其浸五湖其利金錫竹箭其民二男五

女其畜宜鳥獸其穀宜稻釋曰自此已下陳九州之事揔爲三道陳

之先從南方起蓋取尊其陽方周改禹貢以徐梁二州合

之於雍青分冀州地以爲幽并東南曰揚州次正南曰荆

州周之西南不置州統屬雍州即次河南曰豫州爲一道

也次正東曰青州次河東曰兖州次正西曰雍州爲二道

又次東北曰幽州次河内曰冀州次正北曰并州爲三道

若禹貢治水則爲二道又先從下起與此異也然既以徐

梁二州合之於雍青其二道則以冀兖青徐爲一道揚荆

豫梁雍爲二道云其山鎮曰會稽者九州皆有鎮所以安

地德一州之内其山川澤藪至多選注鎮名山安地德者取最大者而言故鄭云曰其大者也會稽在山陰大澤曰藪具區五湖在吴南浸可以爲陂灌溉者錫鑞也箭篠也鳥獸孔雀鸞鵁鶄犀象之屬故書箭爲晉杜子春曰晉當爲箭書亦或爲箭　釋曰云會稽在山陰自此以下所說山川之等一則目驗而知二則依地理志而說又所曉處所皆舉郡縣而言云會稽在山陰山陰郡名案夏本紀大史公或言禹會諸侯於江南計功而崩因葬焉命曰會稽會稽者會計也皇覽曰禹冢在山陰會稽山本苗山縣南七里越傳曰禹到越望苗山會諸侯爵有德封有功者更名苗山曰會稽山因疾死葬棺冢壙深七尺高三尺土階三寸三周方畝吕氏春秋云禹葬會稽不煩徒墨子曰禹葬會稽衣衾三領桐棺三寸地理志云山上有禹井禹傳云一有羣鳥游田焉是説會稽之事也云大澤曰藪者案澤虞職大澤大藪注水鍾曰澤水希曰藪則澤藪別矣今此云大澤曰藪爲一物解之者但澤藪相因亦爲一

物故云大澤曰藪也云具區五湖在吴南者吴南郡名依地理志南江自吴南震澤在西通而言之亦得在吴南具區即震澤一也云浸可以爲陂灌溉者謂灌溉稻田者也云箭篠也箭一名篠故禹貢云篠簜是一物二名也云鳥獸孔雀鸞鵁鶄者解鳥也云犀象者解獸也驗時見有此鳥獸故據言焉案禹貢云九江今在廬江尋陽南皆東合爲大江揚州所以得有三江者江至尋陽南合爲一東行至揚州入彭蠡復分爲三道而入海故得有三江也

正南曰荆州其山鎮曰衡山其澤藪曰雲瞢其川江漢其浸潁湛其利丹銀齒革其民一男二女其畜宜鳥獸其穀宜稻

釋曰其川江漢者揚州云三江不言漢此荆州直言江不言三兼云漢者此州江未分爲三故直云江此州有漢水過焉故江漢並言也上文

揚州云其利金錫竹箭不云丹銀齒革案禹貢荆揚二州俱云貢金三品則二州通有金錫也其民一男二女多於揚州其畜穀衡山在湘南雲瞢在華容潁出陽城宜屬豫與揚州同注州在此非也湛未聞齒象齒也革犀兕革也杜子春云湛讀當為人名湛之湛湛或為淮　釋曰云雲瞢在華容者案禹貢荆州雲土夢作乂得為澤者案彼注云其中有平土丘水去可為作畎畝之治則此據有水之處亦得為澤也云潁出陽城宜屬豫州在此非也者鄭據地理志故知合在豫州又昭元年王使劉定公勞趙孟于潁亦在豫州故破之云湛未聞者據地理志無文未知何處也云齒象齒也者對則齒牙別通而言之牙亦得為齒故詩頌云元龜象齒是牙齒通也云革犀兕革也者以其利則可貢所貢之革惟用為甲故函人有犀兕春秋云犀兕尚多子春云湛讀當為人名湛之湛俗讀也湛或為淮不從也

河南曰豫州其山鎮曰華山其澤藪曰圃

田其川滎雒其浸波溠其利林漆絲枲

其民二男三女其畜宜六擾其穀宜五種

注華山在華陰圃田在中牟滎兖水也出東垣入于河泆爲滎滎在滎陽波讀爲播禹貢曰滎播旣都春秋傳曰楚子除道梁溠營軍臨隨則溠宜屬荆州在此非也林竹木也六擾馬牛羊豕犬雞五種黍稷菽麥稻　釋曰云滎兖水也者案禹貢濟出王屋始出兖東流爲濟南渡河泆爲滎春秋戰于滎澤是也云出東垣者地理志文也云波讀爲播者案禹貢有播水無波故引禹貢爲證也春秋者左氏莊四年傳文云林竹木也者地官山林別官故鄭注云竹木生平地曰林今許州見平地多林木故云林竹木也云六擾馬牛羊豕犬雞者此與爾雅六畜及周禮六牲一也必知五種是黍稷菽麥稻者此州東與青州相接青州有稻麥西與雍州相接雍州有黍稷故知有此四種俱此九

州不言麻與菽及苽鄭必知取菽者蓋以當時目驗而知故添爲五種也正東曰青州其山鎮曰沂山其澤藪曰望諸其川淮泗其浸沂沭其利蒲魚其民二男二女其畜宜雞狗其穀宜稻麥注沂山沂水所出也在蓋望諸明都也在睢陽沭出東莞二男二女數等似誤也蓋當與兖州同二男三女鄭司農云淮或爲睢沭或爲洙　釋曰鄭知沂山沂水所出者沂水出沂山水乃取名於山故知沂水出焉云在蓋者蓋亦縣名案禹貢云海岱及淮惟徐州又云淮沂其乂注云淮沂二水名地理志沂水出今大山蓋縣不在青州者周公以禹貢徐州地爲青故也云望諸明都也者案禹貢云導菏澤被明都彼禹貢無望諸故從明都案春秋宋藪澤有孟諸明都即宋之孟諸者也經有淮泗不言者以上來有江及此淮并下

文河鄭皆不言所在者以四瀆之名人皆知之故略而不
言也案禹貢淮出桐柏泗水在魯國出濟陰乘氏東又至
睢陵入淮行千二百一十里沭出東莞鄆邪南至下邳
入泗云二男二女數等似誤也者若本有此數等當言一
男一女明不作二男二女青州西北與
兖州相接宜與兖州同二男三女也　河東曰兖州
其山鎮曰岱山其澤藪曰大野其川河泲其
浸盧維其利蒲魚其民二男三女其畜宜
六擾其穀宜四種　注岱山在博大野在鉅野盧維當
為雷雍字之誤也禹貢曰雷夏既
澤雍沮會同雷夏在城陽四種黍稷稻麥　釋曰博與鉅
野皆郡縣之名破盧維為雷雍地理志禹貢無盧維又字
類雷雍故破從之引禹貢為證也知四種黍稷稻麥者以
其東與青州相接青州有稻麥西與冀州相接冀州有黍

稷故知也正西曰雍州其山鎮曰嶽山其澤藪曰弦蒲其川涇汭其浸渭洛其利玉石其民三男二女其畜宜牛馬其穀宜黍稷注嶽吳嶽也及弦蒲在汧涇出涇陽汭在豳地詩大雅公劉曰汭垠之即洛出懷德鄭司農云弦或爲汧蒲或爲浦釋曰雍州云其利玉石者田見有玉山出玉石以爲利者也其穀宜黍稷見雍州宜麥不言者但黍稷麥並宜以黍稷爲主云嶽吳嶽也及弦蒲在汧者案地理志吳山在汧西有弦蒲之藪汧水出焉西北入渭渭出鳥鼠山也云汭在豳地詩大雅公劉曰汭垠之即若然汭爲水名案彼毛傳云芮水厓也箋云芮之言内也水之内曰隩水之外曰鞫就闕水之内外而居與此義違者案詩上云夾其皇澗遡其過澗故以芮鞫爲外内今爲水名者蓋周公制禮之時以汭

爲水名汭即皇䧺名曰汭耳猶禹貢大岳至周爲霍山也即洛出懷德者此洛即詩云瞻彼洛矣一也與禹貢導洛自熊耳者別也以其彼洛出上洛經王城至虎牢入河

東北曰幽州其山鎮曰醫無閭其澤藪曰貕養其川河泲其浸菑時其利魚鹽其民一男三女其畜宜四擾其穀宜三種

注醫無閭在遼東貕養在長廣菑出萊蕪時出般陽四擾馬牛羊豕三種黍稷稻杜子春讀貕爲奚　釋曰云醫無閭在遼東者目驗知之漢光武十三年以遼東屬青州二十四年還屬幽州云貕養在長廣者長廣縣名地理志長廣屬徐州瑯琊有萊山周時幽州南侵徐州之地也知三種黍稷稻者西與冀州相接冀州有黍稷幽州見宜稻故知三種黍稷稻也

河内曰冀州其山鎮曰霍

山其澤藪曰楊紆其川漳其浸汾潞其利
松柏其民五男三女其畜宜牛羊其穀宜黍
稷注霍山在彘楊紆所在未聞漳出長子汾出汾陽潞出歸德　釋曰其利松柏霍山見有松柏出焉云霍山在彘者彘則厲王流于彘後爲縣名漢改爲永安縣案禹貢既脩大原至于岳陽覃懷厎績至于衡漳注云岳陽大原之南漳水橫流入河地理志大原今爲郡名大岳在河東縣彘本名霍大山覃懷爲縣名屬河內漳水出上黨沾大黽谷東北至安平阜城入河行千六百八十里是長子即上黨也汾陽歸德皆郡名　正北曰幷
州其山鎮曰恒山其澤藪曰昭餘祁其川虖
池嘔夷其浸淶易其利布帛其民二男三

其畜宜五擾其穀宜五種注恒山在上曲陽昭餘祁在鄔虖池
出鹵城嘔夷祁夷與出平舒淶出廣昌易出故安五擾馬
牛羊犬豕五種黍稷菽麥稻也凡九州及山鎮澤藪言曰
者以其非一曰其大者耳此州界楊荆豫兖雍冀與禹貢
略同青州則徐州地也幽幷則青冀之北也無徐梁釋
曰上曲陽鄔鹵城平舒廣昌故安皆案地理志知之云五
擾馬牛羊犬豕者六擾中雞爲緩故去之云五種黍稷菽
麥稻也者若職用六穀則兼有苽若民之要用則去苽故
知是此五者周公設經六擾之內三擾已上則言擾二擾
則指獸名若三四不滿六者從下次去之六穀之內三種已
上即言種二者則指穀名云凡九州及山鎮澤藪言曰者
以其非一曰其大者耳若但一州之內山川多少各有其
一而言曰故云曰其大者云此州界楊荆豫兖雍冀與禹
貢略同者不失本處雖得舊處猶有相侵入不得正故云
略同若周之兖州於禹貢侵青徐之地周之青州於禹貢

侵豫州之地周之雍豫於禹貢兼梁州之地周之冀州於
禹貢小於禹貢時冀州以其北有幽州幷州故知也周之
九州無徐梁禹貢有徐梁無幽幷爾雅云兩河間曰冀州
河南曰豫州濟東曰徐州河西曰雍州漢南曰荆州江南
曰楊州燕曰幽州濟河間曰兖州齊曰營州詩譜曰雍梁
荆豫徐楊之民咸被其化數不同者禹貢所云堯舜法爾
雅所云似夏法詩譜所云似殷法亦與禹貢三代不同是
以州名有異自古已來皆有九州惟舜時暫置十二州至
夏還爲九州故春秋云夏之方有德也貢金九牧是也但
自神農已上有大九州柱州迎州神州之等至黃帝以來
德不及遠惟於神州之內分爲九州故括地象云崐崘東
南萬五千里名曰神州是也九州之內所有山川或有解
出其處者至如江河淮泗漢洛等不釋所出者此等皆禹
貢有成文如彼導洛自熊耳導渭自鳥鼠導河自積石導
江自岷山導淮自桐柏導漢自嶓冢爲此故不言也至於
禹貢雖言義理不明者此亦辨之若禹貢涇屬渭汭彼言

言涇水入渭不言導之所從如此之類皆須釋其所出也　乃辨九服之邦國方千里曰王畿其外方五百里曰侯服又其外方五百里曰甸服又其外方五百里曰男服又其外方五百里曰采服又其外方五百里曰衛服又其外方五百里曰蠻服又其外方五百里曰夷服又其外方五百里曰鎮服又其外方五百里曰藩服　釋曰此言九服仍除王畿爲數故從其外已下爲九也此九服之名言侯者侯之言候爲王斥候言甸者甸之言田爲王治田出税言男者男之言任也爲王任其職理采者事也爲王事民以供上言衛者爲王

衛禦言蠻者近夷狄蠻之言縻以政教縻來之自此已下皆夷狄諸言夷者以其在夷狄中故以夷言之言鎮者以其入夷狄深故須鎮守之言藩者以其最在外為藩蘺故以藩為稱蠻服大司馬謂之要服言要亦是要來為義自侯服已下各舉一邊為號皆互而通也其夷狄三服亦自互而相通是以大行人摠謂之藩國世一見也【注】服事天子也詩云侯服于周　釋曰此摠解服之意引詩云侯服于周者見諸侯皆服事于周之義故稱服也

凡邦國千里封公以方五百里則四公方四百里則六侯方三百里則七伯方二百里則二十五子方百里則百男以周知天下　釋曰言凡邦國者畿外要服已內有八州州別置二百一十國摠有千六百八十國故云凡也云千里封公以方五百里則四公者八州州別有千里之

方六取一千里以封公又取一千里以封侯又取一千里
以封伯又取一千里以封子又取一千里以封男一州摠
取千里之方充五等諸侯其不滿二百一十國者更取餘
一千里方作男國者備之使滿餘剩地作附庸閒田八州
皆然摠結之注以此率徧知四海九州邦國多少之數也
以周知天下注方千里者爲方百里者百以方三百里之
積以九約之得十一有竒云七伯者字之誤也周九州之
畍方七千里七七四十九方千里者四十九其一爲畿内
餘四十八八州各有方千里者六周公變殷湯之制雖小
國地皆方百里是每事言則者設法也設法者以待有功
而大其封一州之中以其千里封公則可四又以其千里
封侯則可六又以其千里封伯則可十一又以其千里封
子則可二十五又以其千里封男則可百公侯伯子男亦
不是過也州二百一十國以男備其數焉其餘以爲附庸
四海之封黜陟之功亦如之雖有大國爵稱子而已鄭司
農云此制亦見大司徒職曰諸公之地方五百里諸侯之

地方四百里諸伯之地方三百里諸子之地方二百里諸男之地方百里　釋曰云以此率者八州皆爲此法故云以此率也云徧知四海九州邦國多少之數也者釋經周知天下也云方千里者爲方百里者百以方三百里之積以九約之得十一有奇者云方千里開方之百里一截縱横皆爲十截十十而百則得爲方百里者百云以方三百里之積以九約之者方三百里三三而九用爲方百里者九十九爲十一伯餘有方百里者一不盡故云十一有奇也公經云方三百里則七伯故言云七伯者字之誤也以十一似七字故云字之誤也云周九州之界方七千里者以先王之作土有三焉若大平之時土廣萬里中國七千中平之世土廣七千中國五千衰末之世土廣五千中國三千王制云公侯方百里伯七十里子男五十里此是夏制五等爵三等受地殷湯承之合伯子男爲一惟有公侯伯三等爵三等受地與夏同武王伐紂增以子男爵地與夏同以九州之界尚狹故也至武王崩成王幼不能踐阼周公

攝政六年致大平制禮成武王之意斥大九州九州方七
千里五等之爵五等受地則此經所云者是也故云周九州
之界方七千里云七七四十九方千里者四十九其一爲
畿內其餘四十八八州各有方千里者六周公變殷湯之
制雖小國地皆方百里者若然殷三等爵三等受地地有
百里七十里五十里至周公無問有功無功皆益滿百里
以其不滿百里不成國故也既皆滿百里其餘待有功乃
益之地公有功益滿五百里侯有功益滿四百里伯有功
益滿三百里子有功益滿二百里男有功只得百里更有
功乃更進之與子爵云是每事言則者設法也設法者以
待有功而大其封者必知不即封而言設法以待有功者
以其稱公者惟有二王後及東西大伯今八州皆言方千
里封公則四公八州豈有三十二公乎明知五者皆是設
法以待有功乃大其封也若無功縱本是公爵惟守百里
地謂若虞公虢公舊是殷之公至周仍守百里國以無功
故也故注王制云是以周世有爵尊而國小爵卑而國大

云一州之中以其千里封公則可四又以其千里封侯則可六又以其千里封伯則可十一又以其千里封子則可二十五又其千里封男則可百鄭云此者欲計一州須滿二百一十國之意云公侯伯子男亦不是過也者五百里二百一十國者此據王制文彼下又云天子縣内九十三國之下若過五百里則是特賜法若魯衛之等是也云州二凡九州千七百七十三國是通畿内外爲數並是殷周國數也既以州有千里之方六已用五个千里方爲前五等國數以前公國巳得四侯六伯十一子二十五男百揔得一百四十六於二百一十國仍少六十四鄭云以男備其數必知以男備數者若不以男備數則餘千里者一无數不足何得更餘爲附庸若然則更取餘方一千里開方之得百里之方百於前侯國六用千里方仍有二百里方一開方之得四个男國於前伯國十一用千里方一又得一个男國得此五國添前一百四十六爲一百五十一仍少五十九更取餘千里方一開方之得百里之方百取五十九

爲五十九國添前百五十一得二百一十國餘仍殘百里之方四十一鄭云其餘以爲附庸者以附庸不滿百里故也王制兼閑田而言此直云爲附庸文畧不具其實人作附庸即受之無附庸則爲閑田使大夫治之以利民稅若周之畿內四等公邑者也云四海之封黜陟之功亦如之者鄭以上經九服揔言此經惟言要服已內九州不言四海夷狄諸侯故鄭兼見四海夷鎭藩言黜陟之功亦如之者亦皆有百里二百里地有功者進地得與侯伯三百四百同但不進爵耳無功有過則退之云雖有大國爵稱子而已者曲禮云其在東夷北狄西戎南蠻雖大曰子鄭注云雖有侯伯之地爵亦無過子是以同名曰子是也

凡邦國小大相維 注大國比小國小國事大國各有屬相維聯也 釋曰春秋之世小國朝大國大國聘小國又有敵國自相聘是以司儀公侯伯子男相爲賓又相爲國客故易比象云先王以建萬國親諸侯又王制云五國以爲屬屬有長十國以爲連連

有帥三十國以爲卒卒有正二百一十國以爲州州有伯彼雖是殷之諸侯亦是各有屬相維聯之事也故鄭據而言也

王設其牧

注選諸侯之賢者爲牧使牧理之　釋曰此則大宰云建其牧是也案太宗伯注弁曲禮注皆兼伯而言此直言諸侯者以侯爲主無賢侯乃兼伯可也

制其職各以其所能

注牧監參伍之屬用能所任秩次　釋曰此則大宰云設官分職彼下文又云施典於邦國而建其牧立其監設其參傅其伍陳其殷置其輔也云用能所任秩次者稱其所任則以次祿秩之

制其貢各以其所有

注國之地物所有　釋曰諸侯國無貢於王法民間得稅大國半次國三之一小國四之一皆市取當國所有以貢於王即大宰九貢小行人云春入貢及禹貢厥篚厥貢之類是也故鄭云國之地物所有也

王將巡守則戒于四方曰各脩平乃守

孜乃職事無敢不敬戒國有大刑注乃猶女也守謂國竟之

內職事所當共具　釋曰職方氏既主四方諸侯故至十二年王將巡守之時先以文書戒勑于四方曰各脩汝當國所守竟內待王之務無得失所又當考校汝所擬供王職事若不敬戒國有大刑大刑謂殺之也

及王之所行先道帥其屬而巡戒令注先道先由王所從道居前行其前日所戒之令　釋曰此謂王將發行之時即在王前巡行前日所施戒令豫備之等如前所施以不

王殷國亦如之注殷猶衆也十二歲王若不巡守則六服盡朝謂之殷國其戒四方諸侯與巡守同　釋曰王有故不巡守於方岳之下則春東方盡來夏南方盡來秋西方盡來冬北方盡來王待之亦各於其時在國外爲壇行朝覲盟載之法云然則王自在國外爲之而云亦如之者亦如上文戒令四方諸侯者王殷國所在無常或

在畿內國城外即為之或向畿外
諸侯之國行之故有戒令之事也

土方氏掌土圭之灋以致日景注致日景者夏至景尺有五寸冬至景丈三尺其閒則日有長短　釋曰案玉人職土圭尺有五寸以致日先鄭注大司徒以為於潁川陽城夏日至晝漏半立八尺之表表北得尺五寸景適與土圭等則為地中以建王國也冬至景丈三尺者亦於潁川陽城晝漏半立八尺表表北得丈三尺景亦為地中云其閒則日有長短者謂冬至日極短夏至日極長其極長極短之閒冬至後日漸長夏至後日漸短假令冬至日南至之後日漸北之時日行大分六小分四大分者一寸為十分小分者十分寸之一分又為十分但日景一寸則於地千里大分一為百里小分一則為十里則冬至後日向南行六百四十里但冬至丈三尺景除本尺五寸外加丈一尺五寸從冬至至春分晝夜等之時則減五尺七寸半景從春分到夏

至又減五尺七寸半景則減壹丈一尺五寸惟有尺五寸
在以爲夏至之景南戴日下萬五千里謂之地中故云其
間則曰有**以土地相宅而建邦國都鄙**釋曰上經
長短也 據建王國
度地法此經據封土地猶度地知東西南北之深而相
畿外又畿內都鄙**注**其可居者宅居也 釋曰景一寸差
千里一分則百里但封邦國都鄙無過五百里已下則取
分無取於寸一分則百里爲男國亦爲大都已上差之二
分則二分百里子國已外可知若小都五十里則爲小分
五分若大夫二十五里則爲小分二分半言東西南北之
深者景侵入爲深地之遠近里數侵入亦爲深**以辨土**
也言相宅者既欲度景先相所居乃後度之
宜土化之灋而授任地者釋曰既爲土方氏非直度
地相宅亦當相地所宜故
須辨土宜并土化之法而授**注**土宜謂九穀稙穉所宜也
任地者此謂以書作法授之 土化地之輕重糞種所宜

用也任地者載師之屬　釋曰九穀之文出於九職言土宜明是土地所宜故以此解之玄土化地之輕重糞種所宜用也者謂若草人職掌糞種之法地有九種輕重不同其所用糞種若用麋用牛之等是也玄任地者載師之屬者載師掌任地事下文廛里已下皆是任地之事也**王巡守則樹王舍**注爲之藩羅　釋曰謂若掌舍云設梐枑之時時則此官亦爲王於外周帀樹藩羅

懷方氏掌來遠方之民致方貢致遠物而送逆之達之以節釋曰既職名懷方懷來也故來遠方之民及致方貢之等**注**遠方之民四夷之民也諭德延譽以來之遠物九州之外無貢法而至者達民以旌節達貢物以璽節　釋曰知諭德延譽以來之者經直言來遠方不言別有餘事故惟號諭以王之德美又延引以王之美譽以招來之云遠物九州之外無貢法而至者此經上云致方貢謂六服諸侯又云致遠

物宜是蕃國是以大行人上云侯服世一見其貢祀物之
等下文云蕃國世一見各以貴寶爲摯又與此相當故知
義然也知達民以旌節達貢物以璽節者達民則行道路
貢物即是貨賄故掌節云道路用旌節貨賄以璽節是也

治其委積館舍飲食 注續食其往來 釋曰案遺人云十里有廬廬有飲食三十里有宿宿有委五十里有市市有積司儀云遂行如入之積是續食其往來也

合方氏掌達天下之道路 注津梁相湊不得陷絕 釋曰官名合方氏當使天下和合故通達天下道路

通其財利 注茂遷其有無 釋曰案尚書益稷云懋遷有無化居禹治水後懋勉天下徙有之無易其居積若材木徙川澤魚鹽徙山林是通其財利

同其數器 注權衡不得有輕重 釋曰施教設治之方先須均其度量權衡是以天子巡守及王者新升皆爲此事故堯曰及

舜典明堂位皆陳數器之等鄭知此數器是權衡者下別見度量故知義然

壹其度量注尺丈釜鍾不得有大小　釋曰此云壹即上同也鄭云不得有大小者案律曆志以子穀秬黍中者九十黍黃鍾之長千二百黍其實一籥合籥爲合十合爲升十升爲斗十斗爲斛百黍爲銖二十四銖爲兩十六兩爲斤三十斤爲鈞四鈞爲石一黍爲一分十分爲寸十寸爲尺十尺爲丈十丈爲引是五度五量皆有大小也

除其怨惡注怨惡邦國相侵虐　釋曰合方氏欲使人和合故除其邦國相怨惡即相侵伐及相虐殺之等也

同其好善注所好所善謂風俗所高尚　釋曰案孝經樂以移風易俗既風俗別言則風俗異矣風謂政教所施故曰上以風化下又云風以動之是也俗謂民所承襲故曰君子行禮不求變俗是也風所高解好俗所尚善也

訓方氏掌道四方之政事與其上下之志注道猶言
也爲王說之四方諸侯也上下君臣也　釋曰訓方氏訓
四方美惡而向王言之以其政事及君臣上下皆有善惡
誦四方之傳道注傳道世世所傳說往古之事也爲王
誦之若今論聖德堯舜之道矣故書傳
爲傳杜子春云傳當作傳書亦或爲傳　釋曰上所云政
事及上下之志知則向王道未必誦之此文古昔之善道
相誦之在口王問則爲王誦
之以其善道可傳故須誦之正歲則布而訓四方
注布告以教天下使知世所善惡　釋曰正歲謂夏之建
寅正月則布告前所道所誦之事教天下使知世所善惡
也而觀新物注四時於新物出則觀之以知民志所好
惡志淫行辟則當以政教化正之　釋曰
此訓方觀新物知民善惡之情謂若王制云命市納賈以
知民之所好惡志淫好辟則當以政教化正之與此爲類

故鄭引以釋經也

形方氏掌制邦國之地域而正其封疆無有華離之地　釋曰形方氏主知四方土地形勢故使掌作邦國之地域大小形勢又當正其封疆勿使相侵　注杜子春云離當爲雜書亦或爲雜玄謂華讀爲低哨之低正之使不低邪離絕　釋曰王者地有低邪離絕遞相侵入不正故今正之低者兩頭寬中狹邪者謂一頭寬一頭狹云低哨之低者投壺禮主人云枉矢哨壺哨是不正之義故讀從之

使小國事大國大國比小國　注比猶親也易比象曰先王以建萬國親諸侯　釋曰此亦如上職方氏云大小相維義同注言親諸侯使諸侯相親遞相朝聘是也

山師掌山林之名辨其物與其利害而頒

之于邦國使致其珍異之物釋曰此山師及下川師原師等皆是遥掌畿外邦國之内山川原隰注山林之名與物若岱畎之等使出税珍異以供王家也注絲枲嶧陽孤桐矣利其中人用者害毒物及螫噬之蟲獸　釋曰案禹貢青州云岱畎絲枲畎谷也岱山之谷有之徐州云嶧陽孤桐孤特也嶧山之陽特生之桐中爲琴瑟云害毒物及螫噬之蟲者謂虺蛇蝮蝎之屬也岱畎嶧陽是其名絲枲孤桐是其物也

川師掌川澤之名辨其物與其利害而頒之于邦國使致其珍異之物注川澤之名與物若泗濱浮磬淮夷蠙珠暨魚澤之萑蒲　釋曰徐州云泗濱浮磬淮夷蠙珠暨魚注云泗水涯水中見石可以爲磬蠙珠珠名淮夷二

水出蠙珠
與美魚

邍師掌四方之地名辨其丘陵墳衍邍隰之名 釋曰爾雅釋地高平曰原此雖以原爲主除山林川澤四者餘丘陵墳衍原隰六者皆主之故云辨其丘陵已下也案鄭注大司徒云土之高者曰丘大阜曰陵水涯曰墳下平曰衍高平曰原下濕曰隰皆有名 注地名謂東原大陸之屬 釋曰尚書禹貢有東原底平大陸既作是地名也 物之可以封邑者 注物之謂相其土地可以居民立邑 釋曰案小司徒云四井爲邑據田占千室之邑據城二者皆須其物色善惡然後封民

匡人掌達灋則匡邦國而觀其慝使無敢

反側以聽王命釋曰臣正也所以正人故掌適違法則於天下邦國而觀其慝使無慝惡使無敢反側也注法則八法八則也邦國之官府都鄙亦用焉慝姦僞之惡也反側猶背違法度也書曰無反無側王道正直　釋曰云法則八法八則者案大宰云八法治官府八則治都鄙謂王朝官府及畿内都鄙今云以法則臣正邦國而觀其慝即據諸侯下都鄙外内對殊八法八則治官府都鄙即同故治官府都鄙亦用焉云昔違法度者則是違法則也書者洪範皇極之章

撢人掌誦王志道國之政事以巡天下之邦國而語之注道猶言也以王之志與政事諭說諸侯使不迷惑　釋曰誦王志者在心爲志欲得使天下順從若撢取王之此志又道國之政事用此二事以巡國而語之使不迷惑而向王使萬民和

說而正王面注面猶鄉也使民之心曉而正鄉王釋曰以上二事向諸侯說之使諸侯化民而萬民正向于王

都司馬掌都之士庶子及其衆庶車馬兵甲之戒令注庶子卿大夫士之子車馬兵甲備軍發卒釋曰此王都司馬故序官注都王子弟所封及三公采地也司馬主其軍賦故此云掌都之士庶子者官伯注云士適子庶子其支庶此都之士庶子亦然云及其衆庶車馬兵甲之戒令者若王家有軍事徵兵于采地都鄙則都司馬以書致於士庶子有此衆庶車馬兵甲之戒令士庶子受而依行之以國灋掌其政學注政謂賦稅也學脩德學道釋曰云政謂賦稅者正謂軍之賦稅無田稅泉稅之等知學是脩德學道此亦依國子而言故知亦是脩德學道也

以聽國司馬注聽者受行其所徵爲也國司馬大司馬之屬皆是 釋曰都司馬所掌者受大司馬之法而戒令令使都之士庶子所有徵爲皆取國之大司馬之法云大司馬之屬皆是者經國司馬不云大則小司馬軍司馬輿司馬皆得稟其戒令

家司馬亦如之注大夫家臣爲司馬者春秋傳曰叔孫氏之司馬鬷戾 釋曰案序官云家司馬各使其臣以正於公司馬鄭云家卿大夫采地正猶聽也公司馬國司馬也卿大夫之采地王不特置司馬各自使其家臣爲司馬主其地之軍賦往聽政於王之司馬其以王命來有事則曰國司馬若然是卿之小都大夫采地皆家自置司馬之明文引春秋者左氏昭二十五年叔孫氏之司馬鬷戾言於其衆曰若之何莫對又曰我家臣也不敢知國彼是諸侯卿家自置司馬此王之卿大夫之家亦自置引諸侯家法者自置是同故得引以況義也

周禮疏卷第三十九

周禮疏卷第四十

唐朝散大夫行太學博士弘文館學士臣賈公彦等撰

秋官司寇 鄭目録云象秋所立之官寇害也秋者遒也如秋義殺害收聚斂藏於萬物也天子立司寇所掌邦刑刑者所以驅恥惡納人於善道也

惟王建國辨方正位體國經野設官分職以爲民極 釋曰義已具在天官 乃立秋官司寇使帥其屬而掌邦禁以佐王刑邦國 注禁所以防姦者也刑正人之法孝經說曰刑者侀也過出罪施 釋曰云禁所以防姦者也者案士師五禁以左右刑罰王者惡民以姦入罪故先設禁示之防其姦

惡若有不忌爲姦然後以刑罪之云刑正人之法者刑斯
於棄刑以殺止殺故云刑正人之法也云孝經說曰者孝
經援神契五刑章曰刑者侀也過出罪施者下侀爲著也
行刑者所以著人身體過誤者出之實罪者施刑是以尚
書云眚災肆赦怙終賊刑引之者證司寇行刑當審慎也**刑官之屬大司寇卿一**
人小司寇中大夫二人士師下大夫四人鄉士上士
八人中士十有六人旅下士三十有二人釋曰自此已下
論設官分職之事云刑官之屬者此一句揔爲刑官六十
官爲目故云之屬云大司寇卿一人六命小司寇中大夫
二人四命士師者秋官之考雖下大夫四人亦四命鄉士
其職云掌國中國中兼百里內六鄉以八人分主六鄉故
謂之鄉士上士八人三命中士十有六人二命旅下士三
三十有二人一命下士言旅旅衆也小官理衆事也

士察也主察獄訟之事者鄭司農說以論語曰柳下惠爲士師鄉士主六鄉之獄　釋曰訓士爲察者義取察理獄訟是以刑官多稱士先鄭引論語士師欲見士官理獄訟之事案上代以來獄官之名有異是以月令乃命大理瞻傷察瘡鄭注云有虞氏曰士夏曰大理周曰大司寇天子諸侯同故魯有司寇晉魏絳亦云歸死於司寇至於襄世國異政家殊俗官名隨意所造故僖二十八年晉有士榮爲大士文十年楚子西云臣歸死于司敗論語云陳司敗昭十四年士景伯如楚叔魚攝理是後官號不同者也

府六人史十有二人胥十有二人徒百有二十人

釋曰在此者府治藏吏史作文書胥爲十長徒給繇役義已在天官疏自大司寇已下至胥徒皆是同官別職故各有職而同府史也

遂士中士十有二人府六人史十有二人胥十

有二人徒百有二十人注遂士主六遂之獄者釋曰在此者其職云掌四郊四郊有六遂之獄故也鄉士主六鄉之獄遂士主六遂之獄所以鄉士使上士官尊而人少遂士使中士官卑而人多者六遂去王遠故官卑以六遂在遠郊外兼主公邑地廣人衆故官多

縣士中士三十有二人府八人史十有六人胥十有六人徒百有六十人注距王城三百里至四百里曰縣縣士主縣之獄者釋曰在此者案其職云掌野謂掌三等公邑之獄故鄭於縣士職注云二百里以外至三百里曰野三百里以外至四百里曰縣四百里以外至五百里曰都郊外曰野大揔言之故其職云掌野其六遂之中公邑之獄遂士兼掌之矣既三處獄並掌而此注云距王城三百里至四百里曰縣似不主三百里中與五百里中獄者縣在四百里

中故舉中以言其實外內皆掌之耳

方士中士十有六人府八人史十有六人胥十有六人徒百有六十人注方士主四方都家之獄者　釋曰在此者案其職云掌都家鄭彼注云都王子弟及公卿之采地家大夫之采地此三等采地之獄采地在王城四方故云方士也是以鄭此注云方士主四方都家之獄者也

訝士中士八人府四人史八人胥八人徒八十人注訝迎也士官之迎四方賓客　釋曰在此者案其職云掌四方之獄訟非直迎賓客以獄訟爲主故亦以士言之也

朝士中士六人府三人史六人胥六人徒六十人

注朝士主外朝之法　釋曰在此者案其職云掌建邦外朝之法左九棘右九棘之事以朝主爲詢衆庶讞於獄故屬秋官但序官之法秋官掌爲刑獄所施至於防禁之屬皆在秋官又於賓客是主人所敬故鄉飲酒坐賓於西北象天地嚴凝之氣始於西南盛於西北是以賓客之事亦屬焉云朝士主外朝之法者天子諸侯皆三朝內朝二路門外與路寢庭是也外朝一此朝在皐門內庫門外是也

司民中士六人府三人史六人胥三人徒三十人

注司民主民數　釋曰在此者案其職云掌登萬民之數凡斷獄弊訟必須知民年幾老幼是以司民雖非刑獄連類在此也

司刑中士二人府一人史二人胥二人徒二十
人　釋曰在此者案其職云掌五刑之
法以麗萬民之罪故其職在此
司刺下士二人府一人史二人徒四人　注刺殺也三訊罪定
則殺之　釋曰在此者案其職云掌三刺
三宥三赦之法亦是刑獄之類故在此
司約下士二人府一人史二人徒四人　注約言語之約束
釋曰在此者案其職云掌邦國及萬
民之約劑亦是禁戒之事故在此
司盟下士二人府一人史二人徒四人　注盟以約辭告神殺
牲歃血明著其信也曲禮曰涖牲曰盟　釋曰在此
者案其職云掌盟載之法亦是禁戒之事故在此

職金上士二人下士四人府二人史四人胥八人

徒八十人注職主也　釋曰在此者案其職云掌凡金玉之戒令又云掌受金罰貨罰亦是刑獄之事故在此

司厲下士二人史一人徒十有二人注犯政爲惡曰厲厲士主盜賊之兵器及其奴者　釋曰在此者案其職云掌盜賊之任器又云其奴男子入于罪隸亦是刑獄之事故在此也云犯政爲惡曰厲者厲是惡鬼殺厲之事故以造惡爲厲也云厲士主盜賊之兵器者其職文也

犬人下士二人府一人史二人賈四人徒十有

六人釋曰在此者案其職云凡祭祀共犬牲犬是金畜故五行傳云二曰言言之不從則有犬禍故連類在此

犬有兩義案説卦艮爲狗艮卦在丑艮爲止以能吠守止人則屬艮以能言則屬兌兌爲言故也

司圜中士六人下士十有二人府三人史六人胥十有六人徒百有六十人釋曰在此者案其職云掌圜土之刑人亦刑獄之事故在此注鄭司農云圜謂圜土也圜土謂獄城也今獄城圜司圜職中言凡圜土之刑人也以此知圜謂圜土也又大司寇職曰以圜土聚教罷民故司圜職曰掌收教罷民釋曰先鄭所引皆當其義故後鄭從之但獄城圜者東方主規規主仁恩凡斷獄以仁恩求出之故圜也

掌囚下士十有二人府六人史十有二人徒百有二十人注囚拘也主拘繫當刑殺之者釋曰在此者案其職云掌守盜賊凡囚者刑獄之

事故在此也

掌戮下士二人史一人徒十有二人 注戮猶辱也既斬殺又辱之 釋曰在此者案其職云掌斬殺賊諜而搏之刑罰之事故在此

司隸中士二人下士十有二人府五人史十人胥二十人徒二百人 釋曰在此者案其職云掌五隸之法五隸皆是罪人故在此

注隸給勞辱之役者漢始置司隸亦使將徒治道溝渠之役後稍尊之使主官府及近郡 釋曰以隸是罪人爲奴僕故知給勞辱之役也又引漢始置司隸云云者以漢時司隸官與周同故舉以爲況也

罪隸百有二十人 注盜賊之家爲奴者 蠻隸百有二十人

注征南夷所獲　釋曰此中國之隸言罪隸古者身有大罪身既從戮男女緣坐男子入於罪隸女子入於舂槀故注云盜賊之家爲奴者也蠻隸已下皆百二十人者鄭云凡隸衆矣此其選以爲役員者謂隸中選取善者以爲役之員數爲限其餘衆者以爲隸民故司隸職云帥其民而搏盜賊役國中之辱事之等是百二十人外謂之民者也

閩隸百有二十人　注閩南蠻之別

夷隸百有二十人　注征東夷所獲

貉隸百有二十人　注征東北夷所獲凡隸衆矣此其選以爲役員其餘謂之隸民

布憲中士二人下士四人府二人史四人胥四人

徒四十人　注憲表也主表刑禁者　釋曰在此者案其職云掌憲邦之刑禁故在此也知憲不爲法

而爲表憲者又案其職云正月之吉執旌節以宣布于四方而憲邦之刑禁明憲爲表縣示之使知者也

禁殺戮下士二人史一人徒十有二人注禁殺戮者禁民不得相殺戮　釋曰在此者案其職云掌司斬殺戮者以告而誅之是禁民相殺戮之事故在此也

禁暴氏下士六人史三人胥六人徒六十人釋曰此亦謂禁民不得相陵暴在此者案其職云掌禁庶民之亂暴力正者亦是防禁之事故在此也

野廬氏下士六人胥十有二人徒百有二十人注廬賓客行道所舍　釋曰在此者案其職云掌達國道路又云掌凡道禁亦是禁戒之事故在此也知廬是賓客行道所舍者見遺人云十里有廬三十里有宿故知之也

蜡氏下士四人徒四十人注蜡骨肉腐臭蠅蟲所蜡也月令曰掩骼埋胔此官之職也蜡讀如狙司之狙　釋曰在此者案其職云掌除胔又云凡國之大祭祀禁刑者凶服者亦是禁戒之事故在此引月令掩骼埋胔者案彼注骨枯曰骼肉腐曰胔掩亦埋但骼胔不同故別言也言骼胔者凡人物皆是云蜡讀如狙司之狙者俗有狙司之言故讀從音也若然月令所云是春時今不在春官者彼月令爲春時陽不欲陰之事故在春此取禁戒之事故在秋也

雍氏下士二人徒八人注雍謂隄防止水者也　釋曰在此者案其職云掌溝瀆澮池之禁亦是禁戒之事故在此也

萍氏下士二人徒八人　釋曰在此者案其職云掌國之水禁亦是禁戒之事故在

此也注鄭司農云萍讀爲蛢或爲萍號起雨之萍立謂今天問萍號作萍爾雅曰萍蓱其大者蘋讀如小子言平之平萍氏主水禁萍之草無根而浮取名於其不沉溺

釋曰先鄭讀萍爲蛢取音同云或爲萍號起雨之萍者亦天問之文萍亦浮萍之草也玄謂今天問者離騷有天問篇天不可問故以天問爲名此就足先鄭音義同引爾雅苹萍其大者蘋者此以義相曉也云讀如小子言平之平者俗讀取音同皆取萍水草無根而浮不沈禁人使不沈溺如萍也

司寤氏下士二人徒八人注寤覺也主夜覺者

釋曰在此者案其職云御晨行者禁宵行者夜遊者是禁戒之事故在此也言寤覺也主夜覺者凡人之寐卧恒在寢得禁之者人有夜寤忽覺而漫出門者故謂之爲夜覺也

司烜氏下士六人徒十有二人注烜火也讀如衛
侯燬之燬故書燬
爲垣鄭司農云當爲烜　釋曰在此者案其職云掌取明
火又以木鐸脩火禁亦是禁戒之事故在此也大讀如衛
侯燬之燬者春秋左氏衛侯燬滅邢
詩云王室如燬燬火之別名也

條狼氏下士六人胥六人徒六十人釋曰在此者
案其職云掌
執鞭以趨辟凡誓僕及誓馭杜子春云條當爲滌器之
之等是禁戒之事故在此也注滌主謂滌除也狼狼扈道
上　釋曰云滌器之滌者讀從特牲少牢滌祭器等之滌
也云狼狼扈道上者謂不蠲之物在道猶今言狼藉也

脩閭氏下士二人史一人徒十有二人注閭謂里
門　釋曰
在此者案其職云掌比國中宿互欜者亦是禁戒之事故
在此也云閭謂里門者爾雅云巷門謂之閭故知是二十

五家之里門也

冥氏下士二人徒八人釋曰在此者案其職云掌設弧張爲阱擭以攻猛獸是冥然使之不覺亦是禁守之意故在此注鄭司農云冥讀爲冥氏春秋之冥玄謂冥方之冥以繩縻取禽獸之名釋曰云冥氏春秋者冥氏作春秋書名若晏子呂氏春秋之類取其音讀也從鄭云冥方之冥亦取音同云以繩縻取禽獸之名者解冥是冥然使不覺之意也

庶氏下士一人徒四人注庶讀如藥煑之煑驅除毒蠱之言書不作蠱者字從聲釋曰在此者案其職云掌除毒蠱是以除惡之事故在此也云庶讀如藥煑之煑者俗讀意取以藥煑去病去毒蠱亦如是云書不作蠱者字從聲者除蠱者庶是去之意故爲庶不爲蠱也是其取聲

穴氏下士一人徒四人注穴搏蟄獸所藏者釋曰在此者案其職云掌攻蟄獸
是除猛惡之事故在此也云穴搏蟄獸所藏者凡
獸蟄皆藏在穴中故以穴爲官名使取蟄獸也

翨氏下士二人徒八人注翨鳥翮也鄭司農云翨讀爲翅翼之翅釋曰在此者
案其職云掌攻猛鳥亦是除惡之義故在此云翨是鳥翮也
者羽本曰翮凡鳥有羽翨者皆有翮故云翨鳥翮也凡翼
翅皆作翅不作翨是故破從之也

柞氏下士八人徒二十人釋曰在此者案其職云掌攻草木亦是除惡之義故
在此注柞除木之名除木者必先栽剝之鄭司農云柞讀爲音聲唶唶之唶屋笮之笮釋曰知柞是除木之名
者見詩云載芟載柞芟是除草明柞是除木也云除木者
必先刊剝之者見其職云夏日至令刊陽木而火之冬日

至令剥陰木而水之是先刊剥之先鄭讀柞爲音聲唶唶
之唶者讀從春秋行扈唶唶之唶又爲屋笮之笮者俗讀
皆從音
同也

薙氏下士二人徒二十人 釋曰在此者案其識云掌殺草亦是除惡之義故在
此注 注書薙或作夷鄭司農云掌殺草故春秋傳曰如農
夫之務去草芟夷蘊崇之又俗閒謂麥下爲夷丁言
芟夷其麥以其下種禾豆也玄謂薙讀如鬀小兒頭之鬀
書或作夷此皆翦草也字從類耳月令曰燒薙行水非謂
燒所芟草乃水之 釋曰先鄭從古書薙爲夷故引古今
而爲證也春秋者左氏傳隱六年夏五月鄭伯侵陳往歲
鄭伯請成於陳陳侯不許五父諫曰親仁善鄰國之寶也
又云周任有言曰爲國家者見惡如農夫之務去草芟夷
蘊崇之注云芟刈夷殺蘊積崇聚玄謂薙讀如鬀小兒頭
之鬀者俗讀也云字從類耳者人髮之鬀從髟薙草還草

下爲之故云類也月令者仲夏令引之者欲見薙草須燒之又須水之意也

硩蔟氏下士一人徒二人 釋曰在此者案其職云掌覆夭鳥之巢是除惡之類故在此 注鄭司農云硩讀爲擿蔟讀爲爵蔟之蔟謂巢也玄謂硩古字從石折聲 釋曰先鄭讀硩爲擿後鄭不從者先鄭意以爲杖擿破之故從擿後鄭意以石物等投擲爲義故不從先鄭又讀蔟爲爵蔟之蔟者爵蔟是雀窠後鄭從之玄謂硩古字從石折聲者以石投擲毀之故古字從石以折爲聲是上聲下形字也

翦氏下士一人徒二人 注翦斷滅之言也主除蠹蠹者詩云實始翦商 釋曰在此者案其職云掌除蠹物故鄭云翦斷滅之言也主除蠹蠹者故在此引詩者證翦是前羽除

赤犮氏下士一人徒二人 注赤猶言捇拔也主除蟲豸自埋者 釋曰在此

者案其職云掌除牆屋注除蟲豸藏逃其中者爾雅釋蟲云有足曰蟲無足曰豸亦是除惡之義故在此言亦发猶言掭拔者掭按除去之也

蟈氏下士二人徒二人釋曰在此者案其職云掌去鼃黽亦是除惡之義故在此也

注鄭司農云蟈讀爲蜮蜮蝦蟇也月令曰螻蟈鳴故曰掌去鼃黽鼃黽蝦蟇屬書或爲掌去蝦蟇玄謂蟈今御所食蛙也字從虫國聲也蜮乃短狐與　釋曰先鄭以蟈爲蜮又以蜮爲蝦蟇後鄭不從鼃黽蝦蟇屬是其類也云書或爲掌去蝦蟇者於義可也玄謂蟈今御所食蛙也者蛙蟈爲一物云字從虫國聲也者國與蟈爲聲所謂左形右聲者也云蜮乃短狐與者案莊公十八年秋有蜮服云短狐南方盛暑所生其狀如鼈古無今有含沙射入人皮肉中其瘡如疥徧身中濩濩蜮蜮故曰災禮臣惑君則有案五行志劉向以爲蜮生南越由齊姜淫惑莊公故生於魯

壺涿氏下士一人徒二人釋曰在此者案其職云掌除水蟲亦是除惡之類故在
此注壺謂瓦鼓涿擊之也故書涿爲獨鄭司農云獨讀爲
也濁其源之濁音與涿相近書亦或爲濁　釋曰壺乃
盛酒之器非可涿之物故知是瓦鼓必知是瓦者雖無正
文考工記有陶人瓬人造瓦器甌水蟲非六鼓故知瓦鼓
也先鄭雖讀涿爲濁聲轉字誤故爲濁猶從涿
爲義故後鄭引之在下濁其源大玄經文也
庭氏下士一人徒二人注庭氏主射妖鳥令國中絜
清如庭者也　釋曰在此者
案其職云掌射國中夭鳥
亦是除惡之類故在此也
銜枚氏下士二人徒八人注銜枚止言語囂讙也枚
狀如箸橫銜之爲之繣結
於項　釋曰在者案其職云大祭祀令禁無囂亦是禁戒
之事故在此也去狀如箸橫銜之爲之繣結於項者繣謂

以組爲之繫著兩頭於項後結之

伊耆氏下士一人徒二人釋曰在此者案其職云掌共杖杖老者所依秋是長老之方注伊耆古王者號始爲蜡以息老物此主王者之故在此注齒杖後王識伊耆氏之舊德而以名官與今姓有伊耆氏　釋曰案明堂位云土鼓蕢桴葦籥伊耆氏之樂也鄭注亦云伊耆氏古天子有天下之號云始爲蜡以息老物者郊特牲文引之者取息老物證伊耆供杖於老者之事故也云此主王者之齒杖後王識伊耆氏之舊德而以名官與者言後王識伊耆氏之舊德則周家以前爲後王至周又因之故不指周而云後王也

大行人中大夫二人

小行人下大夫四人

司儀上士八人中士十有六人

行夫下士三十有二人府四人史八人胥八

人徒八十人　釋曰此四官在此者皆主賓先嚴疑之事故也亦謂别職同官故四官各有職司而共府史胥徒也　注行夫主國使之禮　釋曰大行人小行人司儀皆掌賓客之禮不見注解至行夫獨注之以官獨多於餘官以主國使之禮至於美惡無禮皆使之故官多於餘官也

環人中士四人史四人胥四人徒四十人　注環猶圜也主圜賓客任器爲之守衛　釋曰在此者案其職云賓客舍則授館令聚欜亦是禁守之事故在此也云主圜賓客之任器爲之守衛者其職文也

象胥每翟上士一人中士二人下士八人徒二十人

注通夷狄之言者曰象胥其有才知者也此類之本名東方曰寄南方曰象西方曰狄鞮北方曰譯今揔名曰象者周之德先致南方也

釋曰在此者案其職云掌四夷之國使以傳賓主之語故亦連類在此也云此類之本名東方已下皆王制文云寄者賓主不相解語故寄中國語於東夷又寄東夷語於中國使相領解云象者傳南方於國中還象中國以傳之與南方人語則還象南方語而傳之云狄鞮者鄭彼注云鞮之言知也雖不訓狄狄即敵也謂言語相敵使之知也云北方曰譯者譯即易謂換易言語使相解也云揔名曰象者四方別稱經唯有一象故云揔名曰象云周之德先致南方也者即詩序所云文王之德被於江漢是也又書序云巢伯來朝注巢伯殷之諸侯聞武王克商慕義而來朝此皆致南方故象得揔名也

掌客上士二人下士四人府一人史二人胥二人徒二十人釋曰在此者其職云掌賓客牢禮之陳亦是賓客嚴凝象秋故在此

掌訝中士八人府二人史四人胥四人徒四十人注訝迎也賓客來主迎之鄭司農云訝讀爲跛者訝跛者之訝 釋曰在此者案其職云掌迎賓客故連類在此先鄭云跛者訝跛者之訝此公羊傳文時晉使郤克聘齊齊郤克跛齊使跛者往御御亦訝也故讀從之也

掌交中士八人府二人史四人徒三十有二人

注主交通結諸侯之好 釋曰在此者案其職云掌九禁之難有禁戒之事故在此也

掌察四方中士八人史四人徒十有六人

掌貨賄下士十有六人史四人徒三十有二人釋曰在此者蓋督察邦國之事及掌邦國所致貨賄但二官闕不可強言也

朝大夫每國上士二人下士四人府一人史二人庶子八人徒二十人釋曰在此者案其職云掌都家之國治因有邦國賓客在秋都家之治亦在此注此王之士也使主都家之國治而命之朝大夫云釋曰此云每國上士二人是王朝之士以其主采地之國治事重則名之曰朝大夫云畿內三等采地地雖有百里五十里二十五里摠謂之國若王制云九十三國也云庶子者蓋亦主采地之諸子今在府史之下蓋官長所自辟除也

都則中士一人下士二人府一人史二人庶子

四人徒八十人注都則主都家之八則者也當言每都如朝大夫及都司馬云　釋曰此官已闕鄭知主八則者大宰云八則治都鄙此經云都則故知則八則也

都士中士二人下士四人府二人史四人胥四人徒四十人

家士亦如之注都家之士主治都家吏民之獄訟以告方士者也亦當言每都　釋曰在此者此官雖闕義理可言以其掌士則知主獄故鄭云都家之士主治都家吏民之獄訟以告方士者也必知王家不置都士而云都家之士者以其都司馬使王臣爲之家司馬家自置司馬以司馬主軍事重重王置都司馬此刑事輕於軍故都家王皆不置都士但已有方士主其獄故使都家之士以獄告也

大司寇之職掌建邦之三典以佐王刑邦國詰四方 釋曰大司寇云佐王刑邦國詰四方不言刑王國詰畿內者王官不嫌不刑詰在內故舉外以見內也大宰云以六典治邦國今此更言建三典者彼六典自是六官之典此三典自是刑之三典典彼別故司寇別施之 注典法也詰謹也書曰王耗荒度作詳刑以詰四方 釋曰典法也案大宰注云典法則所用異異其名也故云典法也引書者吕刑篇文吕侯訓夏贖刑王耄荒度作詳刑以詰四方謂周穆王年老耄亂荒忽猶能用賢量度詳審之刑以詰謹四方引之者證詰爲謹義也

一曰刑新國用輕典 注新國者新辟地立君之國用輕法者爲其民未習於教 釋曰云新國者新辟地立君之國者謂若世衰夷狄內侵國君誅滅聖人後作曰辟國百里既攘夷狄國空無主民不獨治須立君化之則是新辟地立君之國者也趙商問族師職

此四閭爲族八閭爲聯使之相保相受刑賞廖賞相及在
康誥曰父不慈子不孝兄不友弟不恭不相及也族師之
職鄰比相坐康誥之云門內尚寬不知書禮是錯未達指
趣荅曰族師之職周公新制禮使民相共勑之法康誥之
時周法未定天下又新誅三監務在尚寬以安天下先後
是時各有云爲乃謂是錯也若然言周公之時未定天下
即是新國更云新誅三監假令周法先定新 **二曰刑平**
誅之國亦是新國故此云新辟地立君也
國用中典注平國承平守成之國也用中典者常行
之法 釋曰云平國承平守成之國也者
謂先君受封後君承前平安守持成立
之國民巳被化則用常行之法以治之 **三曰刑亂國用**
重典注亂國篡弒叛逆之國用重典者以其化惡伐滅
之 釋曰云亂國篡弒叛逆之國者謂若州吁篡
國崔杼弒君臧紇叛魯此皆逆亂之國如此之國
民起惡心故於常法之外爲惡者則當伐滅之也 **以五刑**

糾萬民注刑亦法也糾猶察異之　釋曰此五刑與尋常正五刑墨劓之等別刑亦法也此五法者或一刑之中而含五或此五刑全不入五刑者云糾猶察異之者謂萬民犯五刑察取與之罪使別異善惡則尚書畢命云旌別淑慝表厥宅里是也一曰野刑上功糾力注功農功力勤力　釋曰以其言野則國外若鄉大夫云野自六尺之類既言在野爲功故知功是農功力勤力也二曰軍刑上命糾守注命將命也守不失部伍　釋曰以其在軍閫外之事將軍裁之故知命是將命也軍行必有部分卒伍故云不失部伍也三曰鄉刑上德糾孝注德六德也善父母爲孝　釋曰謂在鄉中之刑大司徒云以鄉三物教萬民一曰六德知仁聖義忠和既言在鄉故知德是六德教民者非教國子三德各縣九德者也善父母爲孝爾雅釋訓文四曰官刑上能糾職注能能其事也職職事脩理　釋曰知能是能其事職職事脩理者

以其言官官中見能見職明知義然**五曰國刑上糾暴**注愿慤慎也暴當爲恭字之誤也　釋曰知爲恭不作暴者以其上四刑皆糾察其善不糾其惡以類言之故知是恭恭又似暴字故云字之誤也**以圜土聚教罷民**注圜土獄城也聚罷民其中困苦以教之爲善也民不愍作勞有似於罷　釋曰此已下說罷民云教之者正謂夜入圜土晝則役之司空困苦則歸善鄭云困苦以教之爲善云民不愍作勞有似於罷者罷爲困極罷弊此圜土被囚而役是不愍強作勞之民有似罷弊之民也**凡害人者寘之圜土而施職事焉以明刑恥之**注害人謂爲邪惡已有過失麗於法者以其不故犯法寘之圜土繫教之庶其困悔而能改也寘置也施職事以所能役使之明刑書其罪惡於大方版著其背　釋曰云害人謂爲邪惡已有過失麗於法者案司救職云凡民之有衺惡

者三讓而罰三罰而士加明刑恥諸嘉石役諸司空即此下文者是也此謂語言無忌侮慢長老過淺直坐之嘉石不入圜土者也彼下文又云其有過失者三讓而罰三罰而歸于圜土此謂抽拔兵劍誤以傷人罪重不坐嘉石徑入圜土晝日亦役之司空夜入圜土者也此罷民本無故心直是過誤此入五刑者為輕此坐嘉石者為重故云已麗於法麗於法乃入圜土者也

其能改者反于中國不齒三年 釋曰云能改正謂在圜土不出自思已過是能改也 注反于中國謂舍之還於故鄉里也司圜職曰上罪三年而舍中罪二年而舍下罪一年而舍不齒者不得以年次列於平民 釋曰言反于中國者虞書有五宅三居彼不在中國此則反還於故鄉里也引司圜職已下見舍之遠近此所舍鄉則玉藻所謂垂緌五寸惰游之士也是也

其不能改而出圜土者殺 注出謂逃亡 釋曰云不能改正謂不能伏思已過而出

圖土以兩造禁民訟入束矢於朝然後聽之
也
釋曰此幷下二經論禁民獄訟不使虛誣之事言禁者謂
先令入束矢不實則没入官若不入則是自服不直是禁
民省事注訟謂以財貨相告者造至也使訟者兩至既兩
之法也至使入束矢乃治之也不至不入束矢則是自
服不直者也必入矢者取其直也詩曰其直如矢古者一
弓百矢束其百个與釋曰云訟謂以貨財相告者以對
下文獄是相告以罪名也此相對之法若散文則通是以
衞侯與元咺訟是罪名亦曰訟云古者一弓百矢者尚書
文侯之命平王賜晉文侯及僖二十八年襄王賜晉文公
皆云彤弓一彤矢百故知一弓百矢云束矢其百个與者
彼是所賜此乃入官約同之故云與以疑之泮水詩云束
矢其搜毛云五十矢曰束彼鄭從之者彼或據在弓矢數
與受賜者異故從毛傳也以兩劑禁民獄入鈞金三日乃致

于朝然後聽之釋曰此一經聽爭罪之事與上聽訟有異此則各遣持劑之書契又入金不入矢三日乃致于朝者皆謂以注獄謂相告以罪名者獄事重於訟事故鄭云重刑也劑今券書也使獄者各齎券書既兩券書使入鈞金又三日乃治之重刑也不券書下入金則是亦自服不直者也必入金者取其堅也三十斤曰鈞釋曰云獄謂相告以罪名者對前相告以財貨爲訟也云劑今券書也者小宰聽賣買以質劑貨人云大市以質小市以劑鄭小宰注云傅書之最目獄訟之要辭皆曰契則劑謂券書者謂獄訟之要辭若王叔氏不能舉其契是也三十斤曰鈞律曆志文以嘉石平罷民注嘉石文石也樹之外朝門左平成也成之使善釋曰此嘉石肺石在朝士職朝士屬大司寇故見之耳云嘉石文石也者以其言嘉嘉善也有文乃稱嘉故知文石也欲使罷民思其文理以改悔自脩樹之外朝門左朝士文也凡萬民之

有罪過而未麗於灋而害於州里者桎梏而坐諸嘉石役諸司空重罪旬有三日坐朞役其次九日坐九月役其次七日坐七月役其次五日坐五月役其下罪三日坐三月役使州里任之則宥而舍之注有罪過謂邪惡之人所罪過者也麗附也未附於法未著於法也木在足曰桎在手曰梏役諸司空坐日訖使給百工之役也役月訖使其州里之人任之乃赦之宥寬也　釋曰云未麗於法秖謂入圜土爲法此坐嘉石之罷民未入圜土差輕故也云害於州里者謂語言無忌侮慢長老云桎梏而坐諸嘉石者謂坐時坐日滿役諸司空則無桎梏也此已下輕重有五節皆就語言侮慢之中斟

罰爲輕重分五等也云使州里任之者仍恐習前爲非而不改故使州長里宰保任乃舍之以稍輕入鄉則得與鄉知齒亦無垂綏五寸之事也鄭云木在足曰桎在手曰梏人者無正文見掌囚云上罪梏拲而桎拲謂兩手共一木足與拲連言故知梏在手桎在足也廣雅云手間之梏械梏間之桎械亦是手曰梏足曰桎易志泠剛問大畜六四童牛之梏元吉注巽爲木互體震震爲牛之足足在艮體之中艮爲手持木以就足是施梏又蒙初六注云木在足曰桎在手曰梏今大畜六四施梏于足不審桎梏手足定有別否荅曰牛無手故以足言之

以肺石達窮民　注肺石赤石也窮民天民之窮而無告者　釋曰云肺石赤石也者陰陽療疾法肺屬南方火火色赤肺亦赤故知名肺石是赤石也必使之坐赤石者使之赤心不妄告也云窮民天民之窮而無告者王制文彼上文云少而無父者謂之孤老而無子者謂之獨老而無妻者謂之鰥老而無夫者謂之寡此四者天民之

窮而無告者也皆有常餼凡遠近惸獨老幼之欲有復於上而其長弗達者立於肺石三日士聽其辭以告於上而罪其長釋曰言遠近者無有遠近畿外畿內之民皆有惸獨老幼之等云欲有復於上而其長弗達者謂長官不肯通達審知其貧困者故須復報於上如此之類是上窮民即來立於石也注無兄弟曰惸無子孫曰獨復猶報也上謂王與六卿也報之者若上書詣公府言事矣長謂諸矦若鄉遂大夫釋曰鄭知惸是無兄弟者王制已有孤獨鰥寡不見惸則惸是無兄弟可知也是以尚書洪範亦云無虐惸獨而畏高明孔云惸單無兄弟也無子曰獨云無子孫曰獨者案王制唯云老而無子曰獨今兼云孫者無子有孫不爲獨故兼云無孫也鄭不釋鰥老幼者老則無夫無妻幼則無父可知故不釋也知上是王與六卿者六卿並知國政皆

得受寃怨故兼六卿言之云長謂諸侯若鄉遂大夫者寃訴之人天下皆是故長亦兼天下故以畿外諸侯及畿內鄉遂大夫皆得爲長也若然不言一等采地之主及三公邑大夫者在長中可知故舉外內以包之也**正月之吉始和布刑于邦國都鄙乃縣刑象之灋于象魏使萬民觀刑象挾日而斂之**釋曰正月之吉者謂建子之月正月一日也言始和者大宰注凡治有故言始和者若改造云爾其實不改也云布刑于邦國都鄙者正月和即以此月布于天下云乃縣刑象之法于象魏者謂建寅正歲邦國及都鄙并王家縣門皆一時縣之斂之者天子斂藏於明堂諸侯斂藏於祖廟日月受而行注正月朔日布王刑於天下正歲又縣其書重之之謂之聽朔釋曰鄭云天下即邦國都鄙也云正歲又縣其書重之知正歲乃縣者凡**邦之大盟約涖其盟書而**亦約小司寇知之也

登之于天府釋曰云凡邦之大盟約者謂王與諸侯因大會同而與盟所有約誓之辭云涖其盟書而登于天府者旣其盟書因即登此盟書于天府注涖臨也天府祖廟之藏釋曰云天府祖廟之藏者天府職文大史內史司會及六官皆受其貳而藏之注六官六卿之官也貳副也事皆與六卿同故皆有副釋曰大史內史司會掌貳盟辭而藏之擬相勘當也凡諸侯之獄訟以邦典定之注邦典六典也以六典待邦國之治釋曰云邦典六典也者案大宰職以典待邦國之治故邦國有獄訟之事來詣王府還以邦典定之凡卿大夫之獄訟以邦灋斷之注邦法八法也以八法待官府之治釋曰案大宰云以八法治官府是以卿大夫有獄訟還以邦之八法斷之若然大宰有八則治都鄙此不言都鄙有獄訟以八則斷之者都

鄙有獄訟鄙家之士告于方士治之故此不言也凡庶民之獄訟以邦成弊之注邦成八成也以官成待萬民之治故書弊爲憋鄭司農云憋當爲弊邦成謂若今時決事比也弊之斷其獄訟也故春秋傳曰弊獄邢侯　釋曰大宰云以官成待萬民之治是以庶民有獄訟還以邦成弊之弊亦斷也異其文耳云邦成八成也者則小宰云一曰聽征役以比居二曰聽師田以簡稽已下是也先鄭云邦成謂若今時決事比也者此八者皆是舊法成事品式若今律其有斷事皆依舊事斷之其無條取比類以決之故云決事比也春秋傳者春秋左氏傳晉邢侯與雍子爭鄙田邢侯不勝乃弊獄邢侯引之者證弊爲斷義同也大祭祀奉犬牲注奉猶進也　釋曰犬屬西方金犬既當方之畜故司寇奉進犬牲也若禋祀五帝則戒之日涖誓百官戒于百族釋曰禋之言煙煙祀五帝

謂迎氣於四郊及總享五帝於明堂也云戒之日者謂前十日卜之日卜吉即戒之使散齊云涖誓百官者謂餘官誓百官之時大司寇則臨之云戒於百族者大司寇親自戒之其百官所戒者當大宰爲之是以大宰云祀五帝前期十日帥執事而卜日遂戒故知大宰戒百官也若然大宰云祀五帝則掌百官之誓戒大宰雖云掌百官誓戒戒則親爲之誓則掌之而不親誓何者此司寇卑於大宰此云涖誓百官豈司寇得臨大宰乎故知大宰掌之餘小官誓之司寇臨之也

注戒之日卜之日也百族謂府史以下也郊特牲曰卜之日王立于澤親聽誓命受教諫之義也獻命庫門之內戒百官也大廟之內戒百姓也

釋曰鄭知百族府史以下者以其王之百姓亦同大宰戒之故知百族府史胥徒也引郊特牲者欲見百族非王之親是府史以下也云獻命庫門之內戒百官也者王自澤宮而還入皋門至庫門之內大宰獻命命即戒百官又於庫門內而東入廟門庫門之內戒百姓彼注云百姓王之親

也以親故入廟乃戒之**及納亨前王祭之日亦如之**注納亨致牲釋曰鄭云納亨致牲者謂將祭之晨祭之日旦明也此二者大司寇爲王引道故云亦如之**奉其明水火**注明水火所取於日月者釋曰司烜氏以陽燧取火於日中以陰鑑取水於月中明者絜也主人明絜水火乃成可得是明水火所取於日月者也奉此水火者水以配鬱鬯與五齊火以給爨亨也**凡朝覲會同前王大喪亦如之**釋曰朝覲不言大則四時朝也會同謂時見曰會殷見曰同此者皆司寇在王前爲道導也其大喪亦如之亦導王也注大喪所前或嗣王釋曰知嗣王者以經云大喪是王喪復云前王明是嗣王也言或者大喪或是先后及王世子皆是大喪若先后及世子大喪則王爲正王也既言前王明以先后世子爲正故云或嗣王也凡大喪之禮有三大宰云大喪贊贈玉含玉大司馬云大喪晉

卜大夫此主謂王喪大宗伯云朝覲會同則爲上相大喪亦如之注云王后世子及此大喪亦如之二者容有先后及后世子又宰夫云大喪小喪掌小官之戒令注云大喪王后世子也小喪夫人以下然則大喪與小喪相連則不容有王喪

大軍旅涖戮于社 注社謂社主在軍者也鄭司農說以書曰用命賞于祖不用命戮于社　釋曰鄭知社謂社主在軍者也者以其大軍旅非在國故先鄭引書爲證彼書謂甘誓啓與有扈戰于甘之野誓士衆辭祀是陰殺亦陰賞是陽祖是壘亦陽故各於其所必於祖社主前者尊祖嚴社之義也

凡邦之大事使其屬蹕 注屬士師以下也故書蹕作避杜子春云避當爲辟謂辟除姦人也玄謂蹕止行也　釋曰云凡邦之大事者言凡語廣則國有大事王動行皆使其屬蹕鄭知其屬是士師以下者見士師職云諸侯爲賓則帥其屬而蹕于王宮注云諸侯來朝若饗食時士師云帥其屬則士師

以下上士中士下士皆蹕知者以此注云士師以下故也

周禮疏卷第四十

周禮疏卷第四十一

唐朝散大夫行大學博士弘文館學士臣賈公彦等撰

小司寇之職掌外朝之政以致萬民而詢焉

一曰詢國危二曰詢國遷三曰詢立君 釋曰外朝之職朝士專掌但小司寇既爲副貳長官亦與朝士同掌之耳故云掌外朝之政以致萬民者案下文羣吏並在內而此經獨云致萬民者但羣吏在朝是常萬民不合外朝朝在朝惟在大事及疑獄乃致之故特言之也 注在雉門之外者也國危謂有兵寇之難國遷謂徙都改邑也立君謂無冢適選於庶也鄭司農云致萬民聚萬民也詢謀也詩曰詢于芻蕘書曰謀及庶人 釋曰外朝在雉門之外則亦在庫門之外也云國危謂有兵寇之難者謂鄰國來

侵伐與國爲難者也云國遷謂徙都改邑也者謂王國遷徙若殷之盤庚遷殷之類若遷卿大夫都邑不在詢限云立君謂無冢適選於庶也者冢適雙言案内則而言謂適后所生最長者爲冢若無冢適后所生次冢以下爲適則適者非一若無適則於衆妾所生擇立之衆妾所生非一是以須與衆人共詢可否此三者皆採衆心衆同乃可依用也先鄭引詩及書者證致萬民之意也**其位王南鄉三公及州長百姓北面羣臣西面羣吏東面**注羣臣卿大夫士也羣吏府史也其孤不見者孤從羣臣卿大夫在公後 釋曰案射人及司士孤位皆西方東面北上今此獨在東方西面從羣臣之位者孤無職尊之如賓恒在西但此三詢之朝即朝士所掌之位案朝士外朝云左九棘孤卿大夫位焉羣士在其後右九棘公侯伯子男位焉羣吏在其後面三槐三公位焉州長衆庶在其後以此故知孤從羣臣之位三公北面

者案郊特牲君之南鄉荅陽之義也臣之北面荅君也三公臣中之尊北面屈之荅君之意知鄉大夫在公後者以州長衆鄉之屬在公後又二鄉公一人鄉大夫亦在公後可知也每鄉大夫皆別命卿爲之六卿別也

小司寇擯以敘進而問焉以衆輔志而弊謀 釋曰云以敘進者案小宰六敘皆先尊後卑則此言以敘進謂先公卿以次而下 注擯謂揖之使前也敘更也輔志者尊王賢明也 釋曰此既在朝立定而問之明擯者無別相見之禮故知以次一一揖之使前問之云輔志者尊王賢明也者專欲難成捨己稽衆聖人無心以百姓心爲心今能以衆輔成己志是尊王賢明者也

以五刑聽萬民之獄訟附于刑用情訊之至于旬乃弊之讀書則用灋 釋曰云附于刑用情訊之者以囚所犯罪附於五刑恐有枉濫故用情實問之

使得眞實云至于旬乃弊之者緩刑之意欲其欽愼也云讀書則用法者謂行刑之時當讀刑書罪狀則用法刑之

注附猶著也故書附作付訊言也用情理言之冀有可以出之者十日乃斷之王制曰刑者侀也侀者成也一成而不可變故君子盡心焉鄭司農云讀書則用法如今時讀鞫已乃論之　釋曰引王制云刑者侀也者上刑爲法下侀爲著謂行法著人身體又訓爲成者意取一成不可變死者不可復生斷者不可更續是其不可變也故君子盡心焉不可濫此釋用情訊之也漢時讀鞫已乃論之者鞫謂劾因之要辭行刑之時讀已乃論其罪也

凡命夫命婦不躬坐獄訟

注爲治獄吏褻尊者也躬身也不身坐者必使其屬若子弟也喪服傳曰命夫者其男子之爲大夫者命婦者其婦人之爲大夫妻者春秋傳曰衛侯與元咺訟甯武子爲輔鍼嚴子爲坐士榮爲大理　釋曰古者取因要辭皆對坐治獄之吏皆有嚴威恐獄吏褻尊故不使命夫命婦親坐若

取辭之時不得不坐當使其屬或子弟代坐也引喪服傳者喪服經有大夫命婦子夏傳解之云大夫者其男子之爲大夫者也今此云命夫者其男子之爲大夫者誤當以彼爲正云春秋傳者左氏僖二十八年衛侯坐殺弟叔武元咺訴於晉晉使人斷之引之者證命夫命婦不身坐獄訟之事若然元咺甯子鍼莊子皆大夫得坐訟者大夫身不得與士坐訟若兩大夫或代君皆得坐無嫌以是衛侯不得坐使莊子與元咺對坐也若然觀此文命夫命婦惟據大夫不通士案內宰云佐后使治外內命婦先鄭云外命婦卿大夫之妻後鄭云士妻亦爲命婦又閽人云凡外內命夫命婦注內命夫卿大夫士之在宮中者如是士及士妻亦得爲命夫命婦者彼皆據王臣而言王之士有三命二命一命皆得王命此文兼諸侯臣子男士則不命以是此文命夫命婦惟據大夫爲文不通士也

凡王之同族有罪不即市　注鄭司農云刑諸甸師氏禮記曰刑于隱者不與國人慮

兄弟　釋曰此因上論斷獄之事故說王之同族有罪不即市者不與國人慮兄弟也故先鄭云當刑諸甸師氏故甸師云王之同姓有辠則死刑焉是也必於甸師者甸師掌耕耨王藉其場上多屋就隱處刑之引禮記者文王世子文彼據諸侯法云刑于隱者謂就屋中云不與國人慮兄弟者若在市朝刑殺國人見之亦謀慮兄弟是與國人慮兄弟若不於市朝是不與也天子之禮亦然故引爲證也

以五聲聽獄訟求民情　釋曰案下五事惟辭聽一是聲而以五聲目之者四事雖不是聲亦以聲爲本故也案呂刑云惟貌有稽在獄定之後則此五聽亦在要辭定訖恐其濫失更以五聽觀之以求民情也

一曰辭聽注觀其出言不直則煩　釋曰直則言要理深慮則辭煩義寡故云不直則煩

二曰色聽注觀其顏色不直則赧然　釋曰理直則顏色有厲理虛則顏色愧赧小爾雅云不直失節謂之慙愧面慙曰赧慙曰恧體慙曰悛

三

曰氣聽注觀其氣息不直則喘　釋曰虛本心知氣從內發理既不直吐氣則喘四曰耳聽注觀其聽聆不直則惑　釋曰尚書云作德心逸日休作偽心勞日拙觀其事直聽物明審其理不直聽物致疑五曰目聽注觀其牟子視不直則眊然　釋曰目爲心視視由心起理若直實視瞻分明理若虛陳視乃眊亂以八辟麗邦灋附刑罰釋曰案曲禮云刑不上大夫鄭注云其犯法則在八議輕重不在刑書若然此八辟爲不在刑書若有罪當議議得其罪乃附邦法而附于刑罰也注辟法也杜子春讀麗爲羅玄謂麗附也易曰日月麗于天故書附作附猶著也　釋曰以辟爲法謂八者之法子春讀麗爲羅後鄭不從謂麗附也破子春爲羅若作羅則入羅網當在刑書何須更議之也後鄭以不在刑書故須蒙議訖乃附邦法易曰日月麗于天但天自然無形而得附著者天者自然之氣日本在虛空而附自然之氣故

得爲附 **一曰議親之辟** 注鄭司農云若今時宗室有罪
著也 先請是也 釋曰親謂五屬之
內及外親有服者皆是議限親不假貴故親賢能及功勤
若貴亦不假餘賢能之等各據一邊則得入議假令旣有
親兼有餘事 **二曰議故之辟** 注故謂舊知也鄭司農
亦不離議限 云故舊不遺則民不偷
釋曰此汝舊據王爲言是以大宗伯注故舊朋友謂共在
學者若伐木詩亦是故友之類先鄭引論語故舊不遺則
民不偷言民不偷上行下效亦 **三曰議賢之辟** 注鄭
據人君而說故引爲證議故也 司農
云若今時廉吏有罪先請是也玄謂賢有德行者 釋曰
先鄭舉漢廉吏爲賢後鄭足成故言賢有德行者謂若鄉
大夫興賢者能者賢 **四曰議能之辟** 注能謂有道藝
即有六德六行者也 者春秋傳曰夫
謀而鮮過惠訓不倦者叔向有焉社稷之固也猶將十世
宥之以勸能者今壹不免其身以棄社稷不亦惑乎 釋

曰云能謂有道藝者此即鄉大夫興能者能有道藝若保
氏云掌養國子以道而教之六藝是國子與賢者有德行
兼道藝若能者惟有道藝未必兼有德也引春秋傳者
左氏襄二十一年叔向被囚祁奚作此辭以諫晉侯使赦
小罪宥大能引之
者證以能議也 五曰議功之辟 注謂有大勳力立功者 釋曰此即
司勲所掌王功國功之等皆入
此功色是以彼皆言功爲首也 六曰議貴之辟 注鄭司農
云若今時吏墨綬有罪先請是也 釋曰先鄭雖引漢法
墨綬爲貴若據周大夫已上皆貴也墨綬者漢法丞相中
二千石金印紫綬御史大夫二千石銀 七曰議勤之辟
印黄綬縣令六百石銅印墨綬是也
注謂憔悴以事國 釋曰案詩云或憔悴以事國自此已
上七者雖以王爲主諸侯一國之尊賞罰自制亦應有此
議法是以議能鄭引叔向之事是其一隅也 八曰議賓之
惟八曰議賓惟據王者而言不及諸侯也

辟注謂所不臣者三恪二代之後與 釋曰春秋襄二十五年傳云虞閼父爲周陶正而封諸陳以備三恪之言郊特牲云尊賢不過二代之語故鄭云三恪二代之後案樂記云武王克殷及商未及下車而封黃帝之後於薊封帝堯之後於祝封帝舜之後於陳下車而封夏后氏之後於杞投殷之後於宋此皆自行當代禮樂常所不臣爲賓禮禮之故爲賓也言與者經直云賓不斥所據約彼同之故云與以疑之也 以三剌斷庶民獄訟之中 注中謂罪正所定 釋曰此經與下文爲目但三剌之言當是罪定斷訖乃向外朝始行三剌庶民已上皆應有剌直言庶民者庶民賤恐不剌賤者尚剌已上剌可知云中謂罪正所定者 斷獄終始有三剌剌則罪正所定即當行刑故云罪正所定也 一曰訊羣臣二曰訊羣吏三曰訊萬民 注剌殺也三訊罪定則殺之訊言也 釋曰云羣臣者士已上云羣吏者府

史胥徒庶人在官者云萬民者民間有德行不仕者云刺殺三刺罪定即殺之但所刺不必是殺餘四刑亦當三刺直言殺者舉漢重者而言其實皆三刺是以下文云聽民之所刺宥以施上服下服之刑是兼輕重皆刺也**聽民之所刺宥以施上服下服之刑**注宥寬也民言殺殺之言寬寬之上服劓墨也下服宮刖也　釋曰墨劓施於面故爲上服宮刖施於下體故爲下服凡行刺必先以物規之如衣服乃施刑故言服也**及大比登民數自生齒以上登于天府**注大比三年大數民之衆寡也人生齒而體備男八月而生齒女七月而生齒　釋曰小司寇至三年大案比之時則使司民之官登上民數自生齒已上皆登之小司寇乃登於天府云男八月女七月而生齒者案家語本命男子八月生齒八歲而齓齒女子七月而生齒七歲而齓齒男子陽得陰而生得陰而落女子陰得陽而生得陽而落故男偶女奇也**內史司**

會冢宰貳之以制國用注人數定而九賦可知國用乃可制耳　釋曰內史掌八柄之等司會主計會冢宰所主兼設故皆副貳民數簿書得民數乃制國用以其國用出於民故也云人數定九賦可知國用乃可制者鄭偏據九賦而言至九貢九功亦可知也小祭祀奉犬牲注奉猶進也　釋曰大祭祀自大司寇奉犬牲若小祭祀王玄冕所祭則小司寇奉進犬牲也凡禋祀五帝實鑊水納亨亦如之注納亨致牲也其時鑊水當以洗解牲體肉　釋曰云禋祀五帝者祭天曰燔柴即禋也故云禋祀五帝五帝所祀謂四時迎氣摠享明堂實鑊水以擬洗肉所用也納亨亦如之納亨致牲謂將祭享祭之晨實以水亨牲也鄭知實鑊水爲洗解牲肉者以下云納亨亦如之是實鑊水亨煑肉故知此是洗肉也封人云共其水槀亦謂洗牲肉也大賓客前王

而辟 注鄭司農云小司寇爲王道辟除姦人也若今時執金吾下至令尉奉引矣 釋曰下士師云諸侯爲賓帥其屬蹕於王宮饗燕時此小司寇爲王辟亦謂於宮中饗燕在寢及廟時也云若今時執金吾下至令尉奉引者漢時執金吾及令尉爲帝奉引猶如小司寇爲王導故引以爲況 后世子之喪亦如之 釋曰謂后世子之喪當朝廟之時王出入亦爲王而辟也 小師涖戮 注小師王不自出之師 釋曰謂王不自出使卿大夫出軍閫外之事將軍裁之軍將有所斬戮於社主前則小司寇涖戮也

凡國之大事使其屬蹕 注屬士師以下 釋曰此國之大事即士師云諸侯爲賓是也士師云帥其屬則士師已下皆蹕故此據而言之 孟冬祀司民獻民數於王王拜受之以圖國用而進退之 釋曰

前文大比登民數於天府據三年大比而言此則據年年
民數皆有增減於孟冬春官祭司民之時小司寇以民數
多少獻於王也注司民星名謂軒轅角也小司寇於祀司民而獻
民數於王重民也進退猶損益也國用民衆則
益民寡則損　釋曰案星經軒轅角有大民小民之星是
軒轅角也云國用民衆則益民寡則損者國家所用財物
由民上而來是以國用多少要由民衆寡
故民衆則益豐用之民寡則損儉用之　歲終則令

羣士計獄弊訟登中于天府注上其所斷獄訟之數　釋曰

羣士謂鄉士遂士巳下皆是必登斷獄之
書於祖廟天府者重其斷刑使神監之　正歲帥其

屬而觀刑象令以木鐸曰不用灋者國有

常刑令羣士注羣士遂上以下　釋曰此所戒應
六官各應其所掌知羣士是遂士以

下者以其鄉七巳入帥其屬中遂士縣士方士訝士等雖是六十官之屬以其主六遂以外漸遠恐不在屬中故經特云令羣士明羣士是遂士以下可知

乃宣布于四方憲刑禁注宣編也憲表也謂縣之也刑禁士師之五禁　釋曰此所宣布則布憲所云者是也此官主之彼乃布之事相成也

乃命其屬入會乃致事注得其屬之計乃令致之於王　釋曰命其屬謂命巳下屬官使入會計文狀來乃致事與王故云乃乃緩辭

士師之職掌國之五禁之灋以左右刑罰一曰宮禁二曰官禁三曰國禁四曰野禁五曰軍禁皆以木鐸徇之于朝書而縣于門

閭釋曰凡設五刑者刑期于無刑以刑止刑以殺止殺

殺一人使萬人懲是欲不使犯罪令於刑外豫施禁

禁民使不犯刑是左右助刑罰無使罪麗于民也云書而

縣于門閭者爾雅云巷門謂之閎則縣于處處巷門使知

之 注左右助也助刑罰者助其禁民爲非也宮王宮也官官

府也國城中也古之禁書亡矣今宮門有符籍官府

有無故擅入城門有離載下帷野有田律軍有嘄讙夜行

之禁其觕可言者 釋曰云宮王宮也者謂皋門也云官

官府也者謂盧官人聽事之門云國城中者若王城十二

門云古之禁書亡矣者謂在儀禮三千條內而在亡中故

舉漢法以況之云離載下帷者謂在車離耦耦載而下

帷恐是姦非故禁之云觕丁言者古之禁書具不惟如此

故云觕丁言也 以五戒先後刑罰毋使罪麗于民一

曰誓用之于軍旅二曰誥用之于會同三曰

禁用諸田役四曰糾用諸國中五曰憲用諸

都鄙　釋曰戒與禁謂典法則亦是所用異　注先後猶左
異其名耳同是告語使不犯刑罰　右也誓誥
於書則甘誓湯誓大誥康誥之屬禁則軍禮曰無干車無
自後射比其類也糾憲未有聞焉　釋曰先後猶左右也
者皆是相助之義異其名而已云甘誓者啓與有扈戰於
甘之野作甘誓云湯誓者湯將伐桀以誓衆云大誥者武
王崩周公作以成王令以大義告天下以誅三監以作誥
云康誥者周公以成王命封康叔於殷墟誥康叔以治政
之事故作誥云之屬者仍有泰誓費誓召誥洛誥之等故
言之屬也凡誥誓皆因大會乃爲之故用之於軍旅用之
於會同也云禁則軍禮曰無干車無自後射比其類也者
易比之九五曰王用三驅失前禽注云王因天下顯習兵
于蒐狩焉驅禽而射之三則已發軍禮失前禽者謂禽在
前來者不逆而射傍去又不射惟其走者順而射之不中

亦已是皆所失用兵之法亦如之降者不殺奔者不禁背
敵不殺以仁恩養威之道若然此不自後射亦謂不中之
後不重射前敵不破則有追
法春秋公追戎於濟西是也 掌鄉合州黨族閭比
之聯與其民人之什伍使之相安相受以比追
胥之事以施刑罰慶賞 釋曰士師掌鄉中合聚
之法者以爲有施刑罰
也云州黨族閭比之聯即是鄉合之事云與其人民之什
伍者此即因內政寄軍令之類五家爲比比即一伍也二
伍爲什據追胥之時云使之相安相受者宅舍有故使當
比當閭相受寄託使得安穩也云以比追胥者以此什伍
使追胥二事也云以施刑注鄉合鄉所合也追追寇也胥
罰慶賞者使鄉伍相及也 讀如宿偦之偦偦謂司搏盜
賊也 釋曰云追追寇者即公追戎於濟西是也胥讀如
宿偦之偦者晴有夜宿逐賊謂之偦即司搏盜賊是也

掌官中之政令注大司寇之官府中也　釋曰士師所施政令惟在當官故鄭云大司寇之官府中也　察獄訟之辭以詔司寇斷獄弊訟致邦令注詔司寇若今白聽正法解也致邦令者以法報之　釋曰獄訟辭訴各有司存謂若鄉士遂士縣士方士各主當司之獄訟其有不決來問都頭士師者則士師察審以告大司寇斷獄弊訟也云致邦令者此即所察獄訟斷訖致與本官謂之致邦令也　掌士之八成　釋曰士之八成言士者此八者皆是獄官斷事成品式士即士師已下是也　注鄭司農云八成者行事有八篇若今時決事比　釋曰先鄭云成者行事有八篇若今時決事比者即若小宰八成凡言成者皆舊有成事品式後人依而行之決事依前比類決之　一曰邦汋注鄭司農云汋讀如酌酒尊中之酌國汋者斟汋盜取國家密事若今時刺探尚書

事釋曰云酌讀如酌酒尊中之酌者俗讀之若今刺探尚書事者漢時尚書掌機密有刺探尚書密事斟酌私知故舉受爲況也

二曰邦賊注爲逆亂者釋曰既云邦賊罪無過此故知爲逆亂若崔杼州吁之等

三曰邦諜注爲異國反間釋曰異國欲來侵伐先遣人往間候取其委曲反來說之其言諜諜然故謂之邦諜用兵之策勿善於此故孫子兵法云興師十萬日費千金內外騷動以爭一日之勝而受爵祿金寶於人者非民之將故三軍之事莫密於反間殷之興也伊摯在夏周之興也呂牙在殷惟賢聖將能用間以成此兵之要者也

四曰犯邦令注干冒王教令者釋曰鄭云干冒王教令者謂犯邦令不肯依行

五曰撟邦令注稱詐以有爲者釋曰撟即詐也故鄭云稱詐以有爲者謂詐上命營搆僞物之類也

六曰爲邦盜注竊取國之寶藏者釋曰謂若定八年陽貨盜竊寶玉大弓以出奔之類是

也七曰爲邦朋注朋黨相阿使政不平者故書朋作
傰鄭司農云傰讀爲朋友之朋釋
曰朋謂朋黨阿曲相阿違國家正法擅注
生曲法使政不平以罔國法故曰邦朋八曰爲邦誣誣
罔君臣使事失實釋曰謂若君臣相得政教若邦凶
平美其有使臣誣以惡事致使善政失實者
荒則以荒辯之法治之釋曰凶荒謂年穀不熟民
皆困苦則以荒貶之法治
之不得用注鄭司農云辯讀爲風別之別救荒之政十有
尋常之法注二而七師別受其數條是爲荒別之法玄謂
辯當爲貶聲之誤也遭飢荒則刑罰國事有所貶損作權時
法也朝士職曰若邦凶荒札喪寇戎之故則令邦國都家
縣鄙慮刑貶釋曰先鄭之言義無所據故後鄭不從後
鄭破辯爲貶從朝士職之文也朝士職慮刑貶者彼注謂
謀慮緩刑減損國令移民通財糾守緩刑注移
用爲民困苦故也民就

賤救困也通財補不足也糾守備盜賊也緩刑舒民心也
釋曰移民就賤謂可移者將身往也通財補不足謂不可
移者即於豐處將財穀以補不足 凡以財獄訟者正之以傅別約
劑 注傅別中別手書也約劑各所持券也故書別爲辨
鄭司農云傅或爲符辯讀爲風別之別若今時市買
爲券書以別之各得其一訟則案券以正之 釋曰比注
云傅別中別手書也小宰注爲大手書於一札中字別之
語異義同此先鄭云若今時市買爲券書以別之各得其
一義與後鄭同故引之在下小宰注先鄭云傅著約束於
文書別別爲兩兩家各得其一後鄭
不從先鄭至此更爲一解故從之 若祭勝國之社
稷則爲之尸 注以刑官爲尸略之也周謂亡國之社
爲亳社 釋曰案鳧鷖詩宗廟社稷七
祀皆稱公尸不使刑官今祭勝國之社稷用士師爲尸故
鄭云用刑官爲尸略之也云周謂亡國之社爲亳社者經

云勝國注爲亡亳又云亳社者據周勝亳謂之勝據亳云即云亡國即郊特牲云喪國之社必屋之是也據地而言即言亳社春秋亳社災是也

王燕出入則前驅而辟注道王且辟行人釋曰導王解前驅且辟行人解辟行人而辟言燕出入謂宮苑皆是

祀五帝則沃尸及王盥洎鑊水注洎謂增其沃汁釋曰案特牲少牢尸尊不就洗入門北面則以盤匜盥手王謂將獻尸時先就洗盥洎鑊水增其沃汁鑊在門外之東亨牲之爨爨言須鑊水就爨增之亨實鑊水此官增之示敬而已此直言祀五帝沃尸及王盥其餘冬至夏至及祭先王先公所沃盥者案小祝職云大祭祀沃尸盥小臣職云大祭祀朝覲王盥如是則冬至夏至及先王先公小祝沃尸盥小臣沃王盥鬱人云凡裸事沃盥惟在宗廟爲裸時

凡𠜲珥則奉犬牲注珥讀爲衈𠜲衈釁禮之事用牲毛者曰𠜲羽者曰衈

釋曰鄭爲衈者珥是王名故破從衈取用血之意知刉衈是釁禮者雜記云成廟則釁之門夾室皆用雞其衈皆於於屋下彼雖不言刉刉衈相將故知是釁禮知用牲諸侯毛者曰刉羽者曰衈者雜記雜言衈即毛曰刉可知

爲賓則帥其屬而蹕于王宮釋曰士師言帥其屬當官下云屬上士已下皆是也注謂諸侯來朝若燕饗時　釋曰經云蹕于王宮饗在廟燕在寢言于王宮故知燕饗時也

大喪亦如之釋曰大喪在宮中謂朝廟亦在宮中爲蹕也

大師帥其屬而禁逆軍旅者與犯師禁者而戮之釋曰帥其其屬亦謂上士已下在軍而戮亦謂戮於社主前注逆軍旅反將命也犯師禁干行陳也　釋曰逆軍旅反將命者王在軍自將違王命亦是反將命王不在棞外之事將軍裁之亦是反將命犯師禁干行陳者干犯軍之行陳案昭

元年晉荀吳敗狄于大原將戰魏絳曰請皆卒自我始荀吳之嬖人不肯卽卒斬以徇襄三年雞澤之盟晉侯之弟揚干亂行於曲梁魏絳戮其僕魏絳曰軍事有死無犯爲敬此二者是反將命于行陳之事也

歲終則令正要會 注定計簿 釋曰定計簿者年終將考之故也

正歲帥其屬而憲禁令于國及郊野 去國百里爲郊郊外謂之野 釋曰正歲憲禁令者取除舊布新之義言于國及郊野者則自國至百里外皆憲縣之也云去國百里曰郊司馬法文郊外謂之野爾雅文

鄉士掌國中 釋曰鄉士主六鄉之獄言掌國中者獄居近六鄉之獄皆在國中 注鄭司農云謂國中至百里郊也玄謂其地則距王城百里內也言掌國中此主國中獄也六鄉之獄在國中 釋曰先鄭

云謂國中至百里郊後鄭不從者六鄉地雖在百里郊內要言國中者指獄而言非通百里爲國中故不從也是以謂其地則距王城百里內言掌國中此主國中獄也云六鄉之獄在國中對六遂之獄在四郊者也

各掌其鄉之民數而糾戒之 注鄉士八人言各者四人而分主三鄉 釋曰鄭以四人分主三鄉者若以八人共主六鄉不得言各既言各則有部分故以四人分主三鄉解之也

聽其獄訟察其辭 注察審也 釋曰鄉士主治獄訟之事故云聽其獄訟察其辭言審者恐人枉濫也

辯其獄訟異其死刑之罪而要之旬而職聽于朝 釋曰云辨其獄訟者辨別也獄謂爭罪訟謂爭財事既不同文書亦異云異其死刑之罪者死與四刑輕重不同文書亦異云而要之者文書既得乃後取其要辭雖得要實之辭罪定仍至十日乃後以斷刑之

職聽斷注辨異謂殊其文書也要之爲其罪法之要辭如
于外朝令劾矣十日乃以職事治之於外朝容其自反
覆釋曰云要之爲其罪法之要辭如今劾矣者劾實也
正謂棄虛從實收取要辭為定容其自反覆恐囚虛承其
罪十日不覊即是其實然後
向外朝對衆更詢乃與之罪司寇聽之斷其獄
弊其訟于朝羣士司刑皆在各麗其灋
以議獄訟釋曰此即朝衆聽之事獄言斷訟言弊弊亦
斷異言耳云羣士司刑皆在者所謂巳刑云
師聽五辭一也恐專有濫故衆獄官共聽之云各麗其法
者罪狀不同附法有異當如其罪狀各依其罪不得濫出
濫入如此以注麗附也各附致其法以成議也釋曰所
議獄訟也議者本欲得其實情故須各致其法以成其
議致法行刑當
與議狀相依也獄訟成士師受中協日刑殺肆

之三日釋曰此經爲上議得其實欲行刑之時故云獄訟
成成謂罪已成定云上師受中者士師當受取上
成定中平文書爲案云協日刑殺者謂鄉士當和合善日
行刑及殺之事云肆之三日者據死者而言其四刑之類
行訖即放注受中謂受獄訟之成也鄭司農云士師受中
不須肆之　若今二千石受其獄也中者刑罰之中也故
論語曰刑罰不中則民無所措手足協日刑殺協合也和
也和合支幹善日若今時望後利日也肆之三日故春秋
傳曰三日棄疾請尸論語曰肆諸市朝玄謂上師既受獄
訟之成鄉士則擇可刑殺之日至其時而往涖之尸之三
日乃反也　釋曰云若今二千石受其獄也者漢時受二
千石祿稟郡守之等受在下已成之獄言支幹善日者十
二辰子丑之等是支甲乙丙丁之等是幹若言甲子乙丑
丙寅丁卯之類皆以支配幹而言云若今時望後利日也
者月大則十六日爲望月小則十五日爲望利日即合刑
殺之日是也云肆之三日者肆陳也殺訖陳尸也云春

秋傳者襄二十二年楚令尹子南寵觀起楚人患之子南之子棄疾爲王御士王泣告棄疾言子南罪遂殺子南于朝注云子南公子追舒三日棄疾請尸云論語者憲問篇云公伯寮愬子路於季孫子服景伯謂孔子曰吾力猶能肆諸市朝注云大夫於朝士於市公伯寮是士止應云肆諸市連言朝耳引之者皆證肆之三日之事也玄謂士師既受獄訟之成鄉士則擇可烈殺之日至其時而往涖之尸之三日乃反也者乃反謂收取其尸鄭言此者經云士師受中協日刑殺文無分別恐是士師受中還是士師刑殺故須辨之知非士師刑殺者以其士師是司寇之考㨝攝諸士所刑殺者鄉士遂士縣士方士各自往涖之若一一遣士師自行於理不可是以鄭爲此解也

若欲免之則王會其期

注免猶赦也期謂鄉士職聽于朝司寇聽之日王欲赦之則用此時親往議之

釋曰所司折斷已得實情獄案既成乃始就朝詳斷王雖欲免必無免法但王者恩深愛物庶欲免

須親會者也之恐有濫行理大祭祀大喪紀大軍旅大賓客

則各掌其鄉之禁令帥其屬夾道而蹕

注屬中士以下 釋曰此四者六鄉皆有其事大祭祀若祭天四時迎氣即於四郊大喪紀當葬所經鄉道大軍旅王出行所經過大賓客四方諸侯來朝各由方而入並過六鄉路以是故各掌其鄉之禁令當各帥其屬夾道而蹕知屬是中士以下者鄉士身是上士故云中士以下三公若有邦事則爲之

前驅而辟其喪亦如之 釋曰三公有邦事須親自入鄉則鄉士爲公作前驅引道而辟止行人云其喪亦如之者謂公卿大夫之喪死於此者及葬爲之前驅而辟 注鄭司農云鄉士爲三公道也若今時二公出城郡督郵盜賊道也 釋曰云郡督郵盜賊道也者郵謂郵行往來盜賊謂舊爲盜賊

即不良之人故郡内督察郵行者是盜賊之人使之道以泥古鄉士爲道術類也 凡國有大事則戮其犯命者釋曰國有大事言戮犯命者止謂征伐田獵之大事故有犯命刑戮之事也

遂士掌四郊注鄭司農云謂百里外至三百里也玄謂其地則距王城百里以外至二百里言掌四郊者此至四郊獄也六遂之獄在四郊 釋曰先鄭云百里外至三百里也者見縣士云掌野去王城四百里曰縣故曰小都任縣地方士云掌都家謂去王城五百里既以鄉士所掌爲去王城百里内惟有二百里三百里二處在當是此遂士掌之故爲此解後鄭不從玄謂其地則距王城百里以外至二百里者後鄭意六遂之地則在二百里中但獄則不在二百里中當在百里四郊上置之亦若六鄉地在王城外獄則在城中然故更云言掌四郊

此王四郊之獄六遂之獄在四郊也各掌其遂之民數而糾其戒

令注遂士十二人言各者二人而分主一遂釋曰遂士十二人序官文亦如鄉士若揔掌不分不得云各既言

各掌十二人有六遂是二人分主一遂可知聽其獄訟察其辭辨其

獄訟異其死刑之罪而要之二旬而職聽

于朝司寇聽之斷其獄弊其訟于朝羣

士司刑皆在各麗其灋以議獄訟獄訟成

士師受中協日就郊而刑殺各於其遂肆

之三日釋曰此一經亦如鄉士獄成就朝聽斷事有異者二旬與鄉士別以其去王城漸遠恐多枉濫故至

二旬容其反覆也云就郊而刑殺者鄉士之獄在國中不
須言就此在郊差遠故云就郊也言各於其遂者六鄉之
獄并在國中不得言各六遂之
獄分在四郊之上故須言各也注就郊而刑殺者遂士也
遂士擇刑殺日至其時
往涖之如鄉士爲之矣言各於其遂者四郊六遂遂處不同
釋曰鄭云就郊而刑殺者遂士也者經云士師受中即云
協日就郊刑殺覲其文勢亦恐士師刑殺故云遂士也云
遂處不同者六遂分置四郊之外有六處獄還六處置之
故云不
同也

若欲免之則王令三公會其期注令猶命

也王欲赦之則用遂士職聽之時命三公往議之釋曰
若會其期皆在外朝但民有遠近故六鄉獄王自會其期
六遂獄差遠使三公會其期也云令猶命者上文鄉
士云命此變命云令令命義不殊故云令猶命也若邦

有大事聚衆庶則各掌其遂之禁令帥

其屬而蹕 注大事王所親也 釋曰案上鄉士在四郊內有大祭祀大喪紀等四事事多故須歷陳此在四郊之外無大祭祀大喪紀惟有大軍旅大賓客出入所經二者有聚衆庶之事故摠云大事聚衆庶耳此雖不言夾道亦當夾道蹕也 六卿若有邦事則爲之前驅而辟其喪亦如之凡郊有大事則戮其犯命者 釋曰若六鄉近則使三公有邦事此六遂差遠邦事使六卿往云其喪亦如之者亦謂公卿大夫之喪死於其中者亦爲之前驅而辟也云郊有大事者亦謂六遂之民從軍征伐田獵戮其犯命也

縣士掌野 注鄭司農云掌三百里至四百里大夫所食晉韓須爲公族大夫食縣玄謂地距王城二百里以外至三百里曰野三百里以外至四百里曰縣四百里以外至五百里曰都都縣野之地其邑非王子

弟公卿大夫之采地則皆公邑也謂之縣縣士掌其獄焉
言掌野者郊外曰野大摠言之也獄居近野之縣獄在二
百里上縣之縣獄在三百里上都之縣獄在四百里上
釋曰先鄭意遂士既主二百里三百里又案載師職小都
任縣地縣地在四百里中故云掌三百里至四百里云大
夫所食云晉韓須爲公族大夫食縣者即載師職云小都
任縣地一也案昭五年楚薳啓彊曰晉韓襄爲公族大夫
韓須受命而使矣注云襄韓無忌子也爲公族大夫須起
之門子年雖幼已任出使如是韓須不爲大夫言受命而
使明時爲公族大夫但年幼或此注當爲韓襄知食縣者
下有十家九縣注云韓氏七邑是也玄謂地距王城二百里
以外至三百里曰野三百里以外至四百里曰縣四百里以
外至五百里曰都鄭言此者欲明此三處之中有三等公邑
故吏云都都縣野之地其邑非王子弟公卿大夫之采地則
皆公邑也者王子弟依三等臣分爲三處公在五百里疆
地卿在四百里縣地大夫在三百里稍地給此三等采地

之外皆是公邑故云則皆公邑案載師注使大夫治此公邑之民二百里三百里其大夫如州長四百里五百里其大夫如縣正云謂之縣縣士掌其獄焉者王三等之獄揔謂之縣士也云掌野者郊外曰野大揔言之者爾雅云郊外曰野者非謂郊外二百里之中縱四百及五百里皆得謂之野是以遂人亦云掌野野亦謂百里郊外至五百里皆稱野故鄭彼注及此注皆云郊外曰野是大揔而言也鄭言此者欲見縣士云掌野掌三百里外至五百里三處之獄皆是野耳云獄居近者從鄉士掌國中已外遂士掌四郊皆據近而言明此縣士三等獄以次據近而置云野之縣獄在二百里上縣之縣獄在三百里上都之縣獄在四百里上者以三處獄皆名縣者自三百里外有稍縣都縣居中故皆以縣獄爲名言野縣都據本爲稱若然云掌野則三處揔名野及歷言之則惟三百里得名野者以其以外四百里五百里有縣都之名還指本號三百里中地雖有稍名縣士既言掌野不得不存一野以爲獄名故也

案載師云公邑任甸地則二百里中亦有公邑縣士惟掌三百里已外其二百里獄遂士兼掌之矣

各掌其縣之民數糾其戒令而聽其獄訟察其辭辨其獄訟異其死刑之罪而要之三旬而職聽于朝司寇聽之斷其獄弊其訟于朝羣士司刑皆在各麗其灋以議獄訟獄訟成士師受中協日刑殺各就其縣肆之三日

注刑殺各就其縣者亦謂縣士 釋曰上鄉士遂士皆解分人各主之義至此縣士鄭雖不言案序官縣士三十有二人縣獄既有三處蓋三百里地狹人少當十人四百里五百里地廣民多當各十

一人以是故得云各掌其縣之民數也三旬者亦是去王
漸遠故加至三旬容其自反覆云亦謂縣士者亦以經文
勢相連恐士師刑殺故須解之若欲免之則王命六卿會其
期注期亦謂縣士職聽之時差遠故不使三公而使六卿會其期也釋曰以其若邦有大
役聚衆庶則各掌其縣之禁令若大夫
有邦事則爲之前驅而辟其喪亦如之
凡野有大事則戮其犯命者釋曰直言大役不言大事又不
言師其屬而蹕者則非王行征伐之事謂起大役役使民
衆故直各掌其縣之禁令而已其喪亦謂公卿大夫之喪
有死於此者云凡野有大事則戮其犯命者謂有軍事於此而犯命者也注野距王城二百里以外及縣都釋

曰上掌野雖已解野今此文云凡野恐有別義故鄭詳言之云野距王城二百里以外及縣都者若如此言則不通二百里以內故云距王城二百里以外從野三百里縣則四百里都則五百里還是縣士獄之所主三處也

方士掌都家 注鄭司農云掌四百里至五百里公所食魯季氏食於都玄謂都王子弟及公卿之采地家大夫之采地大都在畺地小都在縣地家邑在稍地不言掌其民數民不純屬王　釋曰先鄭意縣士既掌四百里中故此方士掌五百里之中云公所食者謂載師所云大都任畺地者也引魯季氏食於都者謂諸侯大都與三公同後鄭不從謂都王子弟及公卿之采地家大夫之采地者欲見此經都是載師大都任疆地小都任縣地家是家邑任稍地王子弟親者與公同百里稍疏者與卿同五十里更疏者與大夫同二十五里引載師職大都在疆地以下為證者是不從先鄭之驗若先鄭以采地惟在四百里五百里之中載師何得有三等之差乎是以

後鄭縣士自掌三等公邑之獄方士自掌三等采地之獄且縣士掌三等公邑之獄親自掌之若方士掌三等采地之獄遥掌之采地自有都家之士掌獄有事上於方士耳云不言掌其民數不純屬王者采地之民雖在王畿之內屬采地之主類畿外之民屬諸侯故云不純屬王

聽其獄訟之辭辨其死刑之罪而要之三月而上獄訟于國注三月乃上要者又變朝言國以其自有君異之釋曰此則上文都家之士自治其獄獄成上王府亦於外朝詳聽之事云三月及言國自有君異之者謂異於鄉士遂士縣士之等

司寇聽其成于朝羣士司刑皆在各麗其灋以議獄訟釋曰上三處直言司寇聽之此獨云聽其成者成謂采地之士所平斷文書亦是異之類也注成平也鄭司農說以春秋傳曰晉邢侯與

雍子爭鄐田久而無成　釋曰云春秋傳者左氏昭公十四年之事言晉邢侯是楚人時在晉故與雍子爭鄐田也引之者證成是獄成之事

獄訟成士師受中書其刑殺之成與其聽獄訟者　注都家之吏自協日刑殺但書其成與治獄之吏姓名備反復有失實者　釋曰謂書其刑殺之成及聽獄人名於上亦是自有君異於鄉士之等也

凡都家之大事聚衆庶則各掌其方之禁令　釋曰都家云大事聚衆庶者則　注方士十六人言各掌其方者四人下文脩其縣法是也　注而主一方也其方以王之事動衆則爲班禁令焉　釋曰方士十六人序官文若不分主則不得云各掌故知分之

以時脩其縣灋若歲終則省之而誅賞焉　注縣法縣師之職也其職掌邦

國都鄙稍甸郊野之地域而辨其夫家人民田萊之數及其六畜車輦之稽方士以四時脩此法歲終又省之則與掌民數亦相近　釋曰縣師其職普掌天下故云邦國據畿外都鄙據畿內大都五百里小都四百里稍據三百里甸據二百里郊野據百里徧天下矣夫家猶言男女人民據家之奴婢云與掌民數亦相近者上鄉士之等皆言民數惟方士不言今此縣師云夫家之數即與民數亦相近言相近者依縣師而知故云相近也　**凡都家之士所上治則主之**都家之士都士家士也所上治者謂獄訟之小事不附罪者也主之告於司寇聽平之　釋曰以序有都士家士此云凡都家之士明是彼都士家士也云所上治者謂獄訟之小事不附罪者以其上文已有士師受中爲附罪之大事明此是小事

訝士掌四方之獄訟注鄭司農云四方諸侯之獄訟　釋曰案尚書呂刑云四

方司政典獄據諸侯爲言此訝士亦云掌四方獄訟又下文諭罪刑于邦國皆言諸侯之事故先鄭云諸侯之獄訟也

諭罪刑于邦國注告曉以麗罪及制刑之本意　釋曰諭爲曉故云告曉以麗罪者謂斷獄附罪輕重也云及制刑之本意者聖人所作刑法止爲息民爲惡故云刑期無所刑以殺止殺是制刑之本意以此二者告曉於諸侯

凡四方之有治於士者造焉注謂讞疑辨事先來詣乃通之於士也士主謂士師也如今郡國亦時遣主者吏詣廷尉議者　釋曰謂四方諸侯有疑獄不決遣使來上王府士師者故云四方之有治於士者知士是士師者以其士師受中故知疑獄亦士師受之也云造焉者謂先造詣訝士乃通之士師也讞白也謂諸白疑辨之事漢時獄官號廷尉也

四方有亂獄則往而成之注亂獄謂若君臣宣淫上下相虐者也往而成之猶呂步舒使治淮南獄

釋曰云君臣宣淫上下相虐者謂若左氏傳宣九年陳靈公與孔寧儀行父共淫徵舒之母夏姬衷其衵服以戲於朝又公曰徵舒似汝對曰亦似君泄冶諫被殺後徵舒射殺靈公二子奔楚楚爲討陳殺徵舒是君臣宣淫上下相虐之事云在而成之猶吕步舒使治淮南獄者案前漢書儒林傳吕步舒事江都相董仲舒明春秋公羊往爲丞相長史于時淮南王劉安與其大子遷謀反漢武帝詔使宗正劉德與吕步舒窮驗其事故注者引之

邦有賓客則與行人送逆之入於國則爲之前驅而辟野亦如之居館則帥其屬而爲之蹕誅戮暴客者客出入則道之有治則贊之 注送逆謂始來及去也出入謂朝覲於王時也春秋傳曰晉侯受策以出入三覲入

國入野自以時事 釋曰云送逆謂始來及去也者以其訝士主以迎送諸侯故從來至去皆送迎之禮也知出入是朝覲於王者以其言出入與晉侯稱出入同故引晉侯事案僖二十八年襄王策命晉侯爲侯伯晉侯受策以出出入三覲注云出入猶去來也從來至去凡三見王上公廟中將幣三享王禮再祼而酢饗禮九獻食禮九舉三勞三問出入三覲爲行此禮是出入爲朝覲云入國入野自以時事者以其外國至此入國須有親故相見之法入野須有採取之宜並是私事故云時事也

凡邦之大事聚衆庶則讀其誓禁 釋曰大事者自是在國征伐之等聚衆庶非諸侯誓禁之事也則訝士讀其誓命之辭及五禁之法也

周禮疏卷第四十一

周禮疏卷第四十二

唐朝散大夫行太學博士弘文館學士臣賈公彥等撰

朝士掌建邦外朝之灋左九棘孤卿大夫位焉羣士在其後右九棘公侯伯子男位焉羣吏在其後面三槐三公位焉州長衆庶在其後左嘉石平罷民焉右肺石達窮民焉

注樹棘以爲位者取其赤心而外刺象以赤心三刺也槐之言懷也懷來人於此欲與之謀羣吏謂府史也州長鄉遂之官鄭司農云王有五門外曰皐門二曰雉門三曰庫門四曰應門五曰路門路門一曰畢門外

朝在路門外內朝在路門內左九棘右九棘故易曰係用徽纆寘于叢棘玄謂明堂位說魯公宮曰庫門天子皐門雉門天子應門言魯用天子之禮所名曰庫門者如天子皐門所名曰雉門者如天子應門此名制二兼四則魯無皐門應門矣檀弓曰魯莊公之喪既葬而絰不入庫門言其除喪而反由外來是庫門在雉門外必矣如是王五門雉門爲中門雉門設兩觀與今之宮門同閽人幾出入者窮民蓋不得入也郊特牲譏繹於庫門內言遠當於廟門廟在庫門之內見於此矣小宗伯職曰建國之神位右社稷左宗廟然則外朝在庫門之外皐門之內與今司徒府有天子以下大會殿亦古之外朝哉周天子諸侯皆有三朝外朝一內朝二內朝之在路門內者或謂之燕朝 釋曰云取其赤心而外刺者據三詢三刺而言云槐之言懷也者懷來人於此欲與之謀此亦據三詢而言也云州長鄉遂之官者州長是鄉之官兼言遂者鄉之官既在此明六遂之官亦在此故言遂以苞之先鄭云王有五門外曰

皋門二曰雉門三曰庫門四曰應門五曰路門路門一曰
畢門者畢門之言出自顧命故顧命云二人爵弁執惠立
於畢門之内是也云外朝在路門外内朝在路門内者此
後鄭皆不從云左九棘右九棘故易曰係用徽纆寘于叢
棘者證九棘之朝斷罪人之朝也云玄謂明堂位説魯公
宫曰庫門天子皋門雉門天子應門言魯用天子之禮所
名曰庫門者如天子皋門所名曰雉門者如天子應門此
名制二兼四後鄭言此者欲破先鄭以天子雉門在庫門
外爲之若然魯作庫門名曰皋門其制則與天子皋門同
是制一兼二庫門向外兼得皋門矣魯作雉門名曰應門
其制則與天子應門同是亦制一兼二則雉門向内兼得應
門矣是魯制二兼四之事魯之庫門既向外兼皋門魯之雉
門又向内兼應門則天子庫門在雉門外何得庫門倒在雉
門内此爲一明又引檀弓曰魯莊公之喪既葬而絰不入庫
門言其除喪而反由外來是庫門在雉門外必矣者時魯有
慶父作亂閔公遭莊公之喪既葬之後不得既虞變服既葬

而反則除喪也服吉而入以服慶父之心故也若庫門在內
雉門在外應云而絰不入雉門何得云不入庫門故鄭云是
庫門在雉門外必矣上以制二兼四推出庫門在雉門外將
爲未大明更以絰不入庫門乃大明故言必矣云如是王五
門雉門爲中門已下更欲破先鄭外朝在路門外事雉門既
爲中門雉門設兩觀公羊傳文與今之宮門同舉漢以況周
矣云閽人幾出入者窮民蓋不得入也者若外朝在路門外
中門內外朝有右肺石達窮民中門既有閽人幾則何得慶
中門入于路門乎明外朝在中門外矣又引郊特牲及小宗
伯者欲見庫門內雉門外中閒不得置外朝之事何者郊特
特譏繹于庫門內言遠謂譏其大遠云當於廟者宜在廟門
西故云當於廟也云廟在庫門之內見於此矣者欲見中門
外有廟又引小宗伯者見社廟在中門外既然中門外有社稷
宗廟在於左右不得置外朝可知云然則外朝在庫門之外皐
門之內與者無正文推量爲義故云與以疑之也舉漢法者況
義耳云天子諸侯皆有三朝外朝一內朝二者天子外朝一者

即朝士所掌者是也内朝二者司士所掌正朝大僕所掌
路寢朝是二也諸侯内朝二者玉藻云朝于内朝羣臣
辨色始入君日出而視朝退適路寢使人視大夫大夫退
然後適小寢彼亦路門外内二者爲内朝二閔二年季友
將生卜人云間于兩社爲公室輔兩社周社亳社是兩社
在大門内中門外爲外朝是諸侯外朝一内朝二三文疏
已在射人云在路門内或謂之燕
朝者大僕云掌燕朝之服位是也**帥其屬而以鞭呼**
趨且辟注趨朝辟行人執鞭以威之　釋曰其屬者案
序官朝士中士六人府三人史六人胥六人徒
六十人　云帥其屬當**禁慢朝錯立族談者**注慢朝謂
是徒六十人爲之　臨朝不肅
敬也錯立族談違其位傳語也　釋曰朝士所禁則無問
貴賤皆禁之云錯立族談者族聚也云違其位解錯立傳
亦聚也聚語
解族談也**凡得獲貨賄人民六畜者委于朝告**

于士旬而舉之大者公之小者庶民私之注俘而取之曰獲委於朝十日待來識之者人民謂刑人奴隸逃亡者司隸職曰帥其民而搏盜賊鄭司農云若今時得遺物及放失六畜持詣鄉亭縣廷大者公之大物沒入公家也小者私之小物自畀也玄謂人民之小者未齔七歲以下 釋曰經云告于士者得物之人告朝士乃委之於朝云俘而取之曰獲者則得者非所俘也所俘即人民六畜其餘貨財之等稱得云人民謂刑人奴隸逃亡者謂所犯大罪身死男女幼者沒入縣官爲奴隸而逃亡者也即司隸職所云者也云玄謂人民之小者未齔七歲以下者案家語本命男子七歲而齔齒女子八歲而齔此言七歲據男子若女子則八歲皆刑人所生諸處八歲是男七歲是女 凡士之治有期日國中一旬郊二旬野三旬都三月邦國朞期內之治聽期外不聽注鄭司農云謂在期內者聽期外者不聽若今時徒論決滿三月不得乞

鞫　釋曰云凡士之治有期日者即上文鄉士聽訟於朝者鄉士一旬遂士二旬期日即上鄉士遂士之等獄訟成來於外朝職聽遠近節之皆有期日云國中者謂獄在國中據鄉士云郊二旬者謂獄在郊據遂士云野三旬者謂野之縣獄三處皆是野云都三月者謂方士掌都家云邦國朞者謂訝士雖不云期日差之邦國當訝士所掌云期內之治聽期外不聽者所以省煩息訟也

凡有責者有判書以治則聽注判半分而合者故書判爲辨鄭司農云謂若今時辭訟有券書者爲治之辨讀爲別謂別券也玄謂古者出責之息亦如國服與　釋曰云判半分而合者即質劑傳別分支合同兩家各得其一者也云玄謂古者出責之息亦如國服與者案泉府云凡民之貸者以國服爲之息彼謂貸官物之法今此是私民謂出責之法無正文約與之同故云與以疑之若然國服者如地之出稅依載師近郊十一之等若近郊民取責一歲十千出一千遠郊二十而三者二十千歲出三千已外可知之國服依國民服

事出稅法故名國服也凡民同貨財者令以國灋行之

犯令者刑罰之釋曰云同貨財者謂財主出債與生利還生則同有貨財令以國法國法即國服爲之息利故云國法行之犯令者違國法也注鄭司農云同貨財者謂合錢共賈者也以國法行之司市爲節以遣之玄謂同貨財者富人畜積者多時收斂之乏時以國服之法出之雖有騰躍其贏不得過此以利出者與取者過此則罰之君令特加責取息坐臧釋曰先鄭所解無所依據後鄭不從故云雖有騰躍其贏者謂販易得利多少者爲騰躍其贏謂其贏利騰踊乘躍而出故晉灼曰言市物賤預買畜之物貴而出賣之故使物騰躍是其事以利出者與取者依常契獲利取者又騰躍所贏二者俱有利物違國服則爲犯令得刑凡屬責

者以其地傅而聽其辭注鄭司農云謂訟地畔界者田地町畔相比屬故謂

之屬責以地傅而聽其辭以其比畔爲證也玄謂屬責轉
責使人歸之而本主死亡歸受之數相抵冒者也以其地
之人相比近能爲證者來乃受其辭爲治之　釋曰先鄭
見經有地即以爲訟地畔界解之後鄭不從以其經稱責
地畔界不得名責其云地傅者先鄭皆以音附爲傅近讀
之云玄謂屬責轉責使人歸之者謂有人取他責乃別轉
與人使子本依契而還財主財主死亡者轉責者或死或
亡後受責之人見轉責者死亡則詐言所受時少是歸受
之數相抵冒也云則以其地之人相比近能爲證者來乃
受其辭爲治之者謂以其地相比近委其事實故引以爲
證也言能爲證者則有不能爲證之法地雖相近
有不知者則不能爲證乃不受其辭而不治之也　凡盜
賊軍鄉邑及家人殺之無罪　注鄭司農云謂盜賊羣輩若軍共攻
盜鄉邑及家人者殺之無罪若今時無故入人室宅廬舍
上人車船牽引人欲犯法者其時格殺之無罪　釋曰盜

賊並言者盜謂盜取人物賊謂殺人曰賊鄉據鄉黨之中邑據郭邑之內家人者先鄭舉漢賊律云牽引人欲犯法則言家人者欲爲姦淫之事故攻之

凡報仇讎者書於士殺之無罪

注謂同國不相辟者將報之必先言之於士

釋曰凡仇人皆王法所當討得有報仇者謂會赦後使已離鄉其人反來還於鄉里欲報之時先書於士士即朝士然後殺之無罪

若邦凶荒札喪寇戎之故則令邦國都家縣鄙慮刑貶

釋曰凶荒謂年穀不熟札喪謂疫病及死喪寇戎謂鄰國來侵邦國據畿外都家謂畿內三等采地縣鄙謂六遂之內不言六鄉舉六遂則六鄉亦在其中云慮刑貶者謂國有此事則朝士當謀慮緩刑自貶損之不得仍依常法也

注故書慮爲憲貶爲窆杜子春云窆當爲禁憲謂幡書以明之玄謂慮謀也貶猶減也謂當圖謀緩刑且減國用爲民

困也所貶視時為多少之法[illegible]曰子春以為寬與禁後
鄭謂所貶視時為多少之法此[illegible]所有之事責民益困則
所貶多所有之事輕民以不至甚困則
所貶少故云視時為多少之法也

司民掌登萬民之數自生齒以上皆書於版辨其國中與其都鄙及其郊野異其男女歲登下其死生

注登上也男八月女七月而生齒版今戶籍也下猶去也每歲更著生去死

釋曰云辨其國中與其都鄙者國中據六鄉在城中者都鄙據三等采地及其郊野者郊謂居鄉之民在四郊者野謂六遂及四等公邑是徧畿內矣云男八月女七月而生齒者家語本命篇疏已具於上

及三年大比以萬民之數詔司寇司寇及孟

冬祀司民之日獻其數于王王拜受之登于天府內史司會冢宰貳之以贊王治 釋曰云及孟冬祀司民之日者謂司寇於春官孟冬祭祀司民星之日以與司寇爲節此日司寇獻其民數于王云王拜受之登于天府者重此民數民爲邦本故也云內史司會冢宰貳之者以其內史掌八柄司會掌天下大計冢宰貳王治事皆掌大事故皆寫一通副貳 注 鄭司農云文昌宮三能屬軒轅角相與爲體近文昌爲司命次司中次司祿次司民玄謂司民軒轅角也天府主祖廟之藏者贊佐也三官以貳佐王治民數藏之所以贊助王之治民也

者當以民多少黜陟主民之吏 釋曰先鄭云文昌宮三能屬軒轅角相與爲體近文昌爲司命次司中次司祿次司民武陵太守星傳文昌第一曰上將第二曰次將第三曰貴相第四曰司命第五曰司中第六曰司祿不見有司

民三台六星兩兩相居起文昌東南列在大微亦黜司民
之事故後鄭不從云司民軒轅角也者案軒轅星有十七
星如龍形有兩角角有大民小民故依之也云黜陟主民
之吏者即六鄉六遂大夫公邑大夫采地之主皆是也

司刑掌五刑之灋以麗萬民之罪墨罪五
百劓罪五百宮罪五百刖罪五百殺罪五
百注墨黥也先刻其面以墨窒之劓截其鼻也今東西夷
或以墨劓為俗古刑人亡逃者之世類與宮者丈夫則
割其勢女子閉於宮中若今宦男女也刖斷足也周改臏
作刖殺死刑也書傳曰決關梁踰城郭而略盜者其刑臏
男女不以義交者其刑宮觸易君命革輿服制度姦軌盜
攘傷人者其刑劓非事而事之出入不以道義而誦不詳
之辭者其刑墨降畔寇賊劫略奪攘撟虔者其刑死此二
千五百罪之目略也其刑書則亡夏刑大辟二百臏辟三

百官辟五百劓墨各千周則變焉所謂刑罰世輕世重者
也鄭司農云漢孝文帝十三年除肉刑　釋曰案尚書呂
刑有劓刵椓黥是苗民之虐刑至夏改爲黥則黥與墨別
而云墨黥者舉本名也云今東西夷或以墨劓爲俗古刑
人亡逃者之世類與者墨劓之人亡逃向夷詐云中國之
人皆墨劓爲俗夷人亦爲之相襲不改云墨劓爲俗也言
與者無正文鄭以意而言故言與以疑之云若今宦男女
也者即官人婦女及奄人使守内閤者也云刖斷足也周
改臏作刖者臏本亦苗民虐刑咎繇改臏作剕至周改剕
作刖書傳云臏者舉本名也云男女不以義交者其刑宫
者以義交謂依六禮而婚者云觸易君命者觸君命令不
行及改易之云革輿服制度者依典命上公九命國家宫
室車旗衣服禮儀皆以九爲節侯伯已下及卿大夫士皆
依命爲多少之節是不革今乃革之革改也謂上僭也制
度即宫室禮儀制度也云姦軌者案舜典云寇賊姦軌鄭
注云強聚爲寇殺人爲賊由内爲姦起外爲軌案成十七

年長魚矯曰臣聞亂在外爲姦在内爲軌御姦以德御軌以刑鄭與傳不同鄭欲見在外亦得爲軌在内亦得爲姦故反覆見之或後人轉寫誤當以傳爲正云降畔寇賊劫略奪攘撟虔者其刑死者案呂刑云寇賊姦軌奪攘撟虔注云有因而盜曰攘撟虔謂撓擾春秋傳虔劉我邊垂謂劫奪人物以相撓擾也云此二千五百罪之目略也者刑書已亡以此書傳之文略言三五故云罪之目略也云夏刑以下據呂刑而言案呂刑腓辟五百宫辟三百今此云臏辟三百宫辟五百此乃轉寫者誤當以呂刑爲正云周則變焉者夏刑三千墨劓俱千至周減輕刑入重刑俱五百是夏刑輕周刑重云刑罰世輕世重者呂刑文故云所謂先鄭云漢孝文帝十三年除肉刑者案文帝本紀十三年大倉令淳于公有罪當刑從繫長安無男有五女小曰緹縈泣遂上書上赦肉刑所赦者唯赦墨劓與刖三者其宫刑至隋乃赦也案文十八年史克云先君周公制禮曰則以觀德作誓命曰毀則爲賊竊賄爲盜在九刑不忘

言九刑者鄭注堯典云正刑五加之流宥鞭扑贖刑此之謂九刑者賈服以正刑一加之以八議昭六年云周有亂政而作九刑而云周公作者鄭志云三辟之興皆在叔世受命之王所制法度時不行耳世末政衰隨時自造刑書不合大中故叔向譏之作刑書必重其事故以聖人之號以神其書耳若然九刑之名是叔世所作假言周公其實非周公也

若司寇斷獄弊訟則以五刑之灋詔刑罰而以辨罪之輕重注詔刑罰者處其所應不如今律家所署法矣　釋曰司刑主刑書若於外朝司寇斷獄之時司刑則以五刑之法詔刑罰刑罰並言者刑疑則入罰故也

司刺掌三刺三宥三赦之灋以贊司寇聽獄訟注刺殺也訊而有罪則殺之宥寬也赦舍也　釋曰此經與下爲目三贊司寇聽獄訟者專欲難成恐

不獲實衆人共證乃可得眞故須贊之也云訊而有罪則殺之者刑有五一者是殺餘皆訊之獨言殺者立官名刺據重而言故也

壹刺曰訊羣臣再刺曰訊羣吏三刺曰訊萬民注訊言釋曰此三刺之事所施謂斷獄弊訟之時先羣臣次羣吏後萬民先尊後卑之義

壹宥曰不識再宥曰過失三宥曰遺忘注鄭司農云不識謂愚民無所識則宥之過失若今律過失殺人不坐死玄謂識審也不審若今仇讎當報甲見乙誠以爲甲而殺之者過失若舉刃欲斫伐而軼中人者遺忘若閒帷薄忘有在焉而以兵矢投射之釋曰先鄭以爲不識謂愚民無所識則宥之若如此解則當入三赦惷愚之中何得入此三宥之内故後鄭不從也云過失若今律過失殺人不坐死者於義是故後鄭增成之云玄謂識審也者不識即不審云甲乙者與喻之義耳假令兄甲是仇人見弟乙誠以

爲是兄甲錯殺之是不審也壹赦曰幼弱再赦曰老旄三赦曰惷愚注惷愚生而癡騃童昏者鄭司農云幼弱老旄若今時律令年未滿八歲八十以上非手殺人他皆不坐　釋曰三赦與前三宥所以異者上三宥不識過失遺忘非是故心過誤所作雖非故爲比三赦爲重據今仍使出贖此三赦之等比上爲輕全放無贖先鄭云幼弱老旄若今時律令年未滿八歲八十以上非手殺人他皆不坐者案曲禮云八十九十曰耄七年曰悼悼與耄雖有罪不加刑焉與此先鄭義合彼亦謂非手殺人他皆不坐也云未滿八歲則未齔是七年者若八歲已齔則不免也以此三灋者求民情斷民中而施上服下服之罪然後刑殺釋曰云以此三法者求民情斷民中者謂上三刺三宥三赦若不以此法恐有入濫者由用三法故斷民得中

云施上服下服之罪然後刑殺者注上服劓與墨劓下服
先規畫可刑之處乃行刑行殺也注宮刖也司約職曰其
不信者服墨刑凡行刑必先規識所刑之處乃後行之
釋曰云者雖有要斬領斬以領爲正故殺入上服也必先
規識所刑之處乃後行之規識在
臨若衣服在身故名規識爲服也

司約掌邦國及萬民之約劑治神之約爲上治民之約次之治地之約次之治功之約次之治器之約次之治摯之約次之注此六約者諸侯以下至於民皆有焉劑謂券書也治者理其相抵冒上下之差也神約謂命祀郊社羣望及所祖宗也夔子不祀祝融楚人伐之民約謂征稅遷移仇讎既和若懷宗九姓在晉殷民六族七族在魯衛皆是也地約謂經界所至田萊之比也

功約謂王功國功之屬賞爵所及也器約謂禮樂吉凶車
服所得用也摯約謂王帛禽鳥相與往來也　釋曰知此
六約諸侯以下至於民者經云掌邦國及萬民之約劑故
知也以諸侯爲主中亦有王事但王至尊設約不及之耳
神約謂命祀郊社羣望及所祖宗也者凡命祀皆天子命
之也郊者謂若祭統成王命魯外祭則郊社常平諸侯直
命祀社故王制云天子祭天地諸侯祭社稷是常也羣望
諸侯祭三望故傳云三代命祀祭不越望也祖宗諸侯五
廟下及士各有差庶士庶人祭於寢也云夔子不祀祝融
楚人伐之者爲其違約不祀故伐之事在僖二十六年云
民約謂征稅者雖諸侯輸於王萬民征稅是常此稅要由
民出故曰民約云遷移者雖君亦有遷移法若鄭遷於虢
之屬是也云仇讎既和者謂若調人云凡和難父之讎辟
之海外之屬是也諸侯亦有和難之法故曰君之讎視父
是也云若懷宗九姓在晉殷民六族七族在魯衞皆是也
者此止以遷移法不似有仇讎也定四年祝佗云分魯公

以大路又云般民六族注云般民祿父之餘民三十族六姓也條氏徐氏蕭氏索氏長勺氏尾勺氏又分康叔以大路注云復如分周公欲使康叔以化之又云般民七族陶氏施氏繁氏錡氏樊氏饑氏終葵氏又云分唐叔以大路又云懷姓九宗職官五正注云五正五官之長是其遷移法也以此觀之亦是和之使遷移耳云功約謂王功國功之屬者民功謂若司寇云野刑上功糾力及司馬云進賢興功是也云器約謂禮樂吉凶車服所得用也者謂自天子以下達庶人皆有之禮器籩豆俎簋之屬樂器鍾鼓竽笙之屬吉服祭服吉車巾車所云天子至庶人役車皆是凶之車服雜記云端衰喪車無等是也云摯約謂玉帛禽鳥相與往來也者案大宗伯以玉作六瑞公執桓圭已下是王又以禽作六摯孤摯皮帛卿羔大夫鴈士雉工商雞庶人鶩皆執以相見是往來也 凡大約劑書於宗彝小約劑書於丹圖 注大約劑邦國約也書於宗廟

之六彝尊欲神監焉小約劑萬民約也丹圖未聞或有彫器簠簋之屬有圖象者與春秋傳曰斐豹隸也著於丹書今俗語有鐵券丹書豈此舊典之遺言　釋曰知大約劑是邦國者上言掌邦國及萬民之約劑有此二者故大小據而言之六彝之名若司尊彝云雞鳥斝黃虎蜼之等以畫於宗廟彝尊故知使神監焉使人畏敬不敢違之也云或有彫器簠簋之屬有圖象者與者此鄭見時有人爲此說者故云或有案梓人造器有刻畫祭器博庶物也是圖象事亦有似故云與以疑之云春秋傳曰斐豹隸也者襄公二十三年文

若有訟者則珥而辟藏其不信者服墨刑　釋曰訟謂爭約劑不決者云則珥而辟藏者謂以血塗戶乃開辟其戶以出本約劑之書勘之　注鄭司農云謂有爭訟罪罰刑書謬誤不正者爲之開藏取本刑書以正之當開時先祭之文謂訟訟約若宋仲幾薛宰者也辟藏開府視約書不信不如約也珥讀曰衈

謂殺雞取血釁其戸　釋曰司約所掌唯約劑之書先鄭
以爲爭訟罪罰刑書及以珥爲祭後鄭皆不從而謂訟約
若宋仲幾薛宰者案定元年正月晉魏舒合諸侯之大夫
于狄泉將城成周宋仲幾不受功曰滕薛郳吾役也薛宰
曰宋爲無道絶我小國於周以我適楚故我常從宋晉文
公爲踐土之盟曰凡我同盟各復舊職若從踐土若從宋
亦唯命宋仲幾曰踐土固然又士彌牟曰子姑受功歸吾
視諸故府仲幾曰縱子忘之山川鬼神其忘諸乎此是訟
約法故引之爲證云殺雞者以雜記云割
雞當門其衈皆於屋下言衈故知用雞也　**若大亂則**
六官辟藏其不信者殺　注大亂謂僭約若吴楚
之君晉文公請隧以葬
者六官辟藏明罪大也六官初受盟約之貳　釋曰云大
亂謂僭約者以其司約者主約故知僭約也既言大亂明
是若吴楚之君僭稱王也又如晉文公請隧以葬亦是也
案僖二十五年晉文公納定襄王乃請隧以葬隧者請掘

也通路上有負土諸侯已下上無負土謂之羨塗天子有
負土謂之隧文公請之欲行天子之禮故對曰未有代德
而有二王不許之也明罪大止謂僭者也云六官初受盟
約之貳者以大司寇云凡邦之盟約大史司會及六官皆
受其貳而藏
之者是也

司盟掌盟載之灋 釋曰盟時坎用牲加書於牲上以牲載書於上謂之盟載
也 注載盟辭也盟者書其辭於策殺牲取血坎其牲加書
於上而埋之謂之載書春秋傳曰宋寺人惠牆伊戾
坎用牲加書爲世子痤與楚客盟 釋曰云載者正謂以
牲載此盟書於上故謂之載也云盟者書其辭於策者辭
即盟辭若云爾無我詐我無爾虞有違此盟無克祚國盟
辭多矣以此爲本云宋寺人之事案襄二十六年傳曰宋
寺人惠牆伊戾爲大子痤內師無寵注云惠牆氏伊戾名
秋楚客聘於晉過宋大子知之請野享之公使往伊戾請

從之至則歃用牲加書徵之而辭告公曰大子將爲亂既與楚客盟矣鄭引此者證坎用牲加書載之事也凡

邦國有疑會同則掌其盟約之載及其禮

儀北面詔明神既盟則貳之釋曰時見曰會殷見曰同若有疑則盟之注有疑不協也明神神之明察者謂日月山川也覲禮加方明于壇上所以依之也詔之者讀其載書以告之也貳之者寫副當以授六官釋曰云有疑不協也者不協之文出於春秋云明神神之明察者謂日月山川也覲禮加方明于壇上所以依之也者案覲禮云方明者木也方四尺設六色又云設六玉上圭下壁南方璋西方琥北方璜東方圭注云六色象其神六玉以禮之上宜蒼璧下宜黃琮而不以者則上下之神非天地之至貴者也設玉者刻其木而著之又云天子拜日於東門之外反祀方明注引司盟職曰北面詔明神言北面詔明神則明神有象也

象者其方明乎又曰禮日於南門外禮月與四瀆於北門
外禮山川丘陵於西門外又云祭天燔柴祭山丘陵升祭
川沈祭地瘞注云升沈必就祭者也就祭則是王巡守及
諸侯之盟祭也引郊特牲曰郊之祭也迎長日之至也大
報天而主日也宗伯職曰以實柴祀日月星辰則燔柴祭
天謂祭日也柴爲祭日則祭地瘞者祭月也日月而云天
地靈之也王制曰王巡守至于岱宗此不是王巡守之盟其神
主日也春秋傳曰晉文公爲踐土之盟而傳云山川之神
是諸侯之盟其神主山川也月者太陰之精上爲天使臣
道莫貴焉是王官之伯會諸侯而盟其神主月與以此約
之故知明神是日月山川也知是王會同四時各祀其神
及祀方明則諸神皆及故有六色六王之位焉其盟亦然
云詔之者讀其載書以告之也者謂盟時以其載辭告焉
云貳之者寫副當授六官者大司寇職凡邦之大盟約涖
其盟書而登之于天府大史內史司
會及六官皆受其貳而藏之者是也

盟萬民之犯命

者詛其不信者亦如之釋曰凡言盟者盟將來詛者詛往過云亦如之者亦

如上注盟詛者欲相與共惡之也犯命犯君教令也不信

文違約者也春秋傳曰臧紇犯門斬關以出乃盟臧

氏又曰鄭伯使卒出豭行出犬雞以詛射潁考叔者　釋

曰云盟詛者欲相與共惡之也者對神爲驗是共惡之也

云犯命犯君教令也者以萬民無餘事故知犯命謂犯君

教令也云春秋傳曰者案襄二十三年季武子無適子公

彌長而愛悼子欲立之訪於臧紇紇爲立悼子紇廢公鉏

後孟莊子疾豐點謂公鉏苟立羯請讎臧氏及孟孫卒季

孫至入哭而出曰秩焉在公鉏曰羯在此矣孟氏閉門告

於季孫曰臧氏將爲亂不使我葬季孫不信臧孫聞之戒

除於東門甲從己而視之孟氏又告季孫季孫怒命攻臧

氏臧紇斬鹿門之關以出奔邾季孫盟是其事也又曰鄭

伯使卒出豭行出犬雞以詛射潁考叔者此隱公十一年

將伐許子都與潁考叔爭車及許潁考叔先登子都自下

射之顛師還乃詛射穎考叔者引之者證詛是往過之事若然藏紇既出乃盟臧氏者以臧氏出後盟後人以臧氏爲盟首亦是盟將來也

凡民之有約劑者其貳在司盟注貳之者檢其自相違約　釋曰此謂司約副寫一通來入司盟撿後相違約勘之有獄訟者則使之盟詛注不信則不敢聽此盟詛所以省獄訟　釋曰此盟詛謂將來訟者先使之盟詛盟詛不信自然不敢獄訟所以省事也

凡盟詛各以其地域之衆庶共其牲而致焉既盟則爲司盟共祈酒脯注使其邑閭出牲而來盟已又使出酒脯司盟爲之祈明神使不信者必凶　釋曰盟處無常但盟則遣其地之民出牲以盟并出酒脯以祈明神也

職金掌凡金玉錫石丹青之戒令注青空青也釋曰此數種同出於山故職金揔主其戒令若然地官卝人已主又職金主之者彼官主其取此官主其藏故二官共主之也受其入征者辨其物之媺惡與其數量楬而璽之入其金錫于爲兵器之府入其玉石丹青于守藏之府釋曰此一經揔陳受藏金玉之事所送者謂若荆揚貢金三品雍州貢球琅玕之等皆職金受而藏之乃後分配諸府也入兵器之府言爲者攻金之工須造作故云爲守藏之府不造器物故云守也案山海經云有以金庭之山多黃金稷巢之山多白玉枏楊之山其陽多赤金其陰多白金吉山其陽多玉青丘之山其陽多玉其陰多注爲兵器青䑕基之山多沙石白金此類甚多略言之矣注者攻金

之工六也守藏者王府內府也鄭司農云受其入征者謂主受采金玉錫石丹青者之租稅也楬而璽之者楬書其數量以著其物也璽者印也既楬書揃其數量又以印封之今時之書有所表識謂之楬橥　釋曰云爲兵器者攻金之工六也者考工記文彼云築冶鳧栗段桃築氏爲削冶氏爲戈戟鳧氏爲鍾栗氏爲量段氏爲鎛桃氏爲劒也云守藏者王府內府也者案王府云掌王之金玉玩好兵器凡良貨賄內府云掌受九貢九賦九功之貨賄良兵良器故知守藏府是此二者也先鄭云主受采金玉錫石丹青者之租稅也者案山虞澤虞等出稅者皆以當邦賦穀稅之處不虛取也云既楬書揃其數量者楬即今之板書揃即今錄記文書謂以版記錄量數多少并善惡爲後易分別故也

入其要　注要凡數也入之於大府　釋曰職金既知量數錄要簿入大府

掌受士之金罰貨罰入于司兵　釋曰云掌受士之金罰者謂斷獄訟者有疑即使出贖既

言金罰文云貨罰者出罰之家時給治兵及工直也貨
或無金即出貨以當金直故兩言之**注**泉貝也罰罰贖也書
曰金作贖刑　釋曰云貨泉貝也者漢書食貨志云王莽
時有貨布大泉及貨貝故知貨中泉貝兩有也云書曰者
舜典文吕刑云墨罰疑赦其罰百鍰考工冶氏云戈戟重
三鋝夏侯歐陽説云墨罰疑赦其罰百率古以六兩為率
古尚書説百鍰鍰者率也一率十一銖二十五分銖之十
三也百鍰為三斤鄭玄以為古之率多作鍰鄭注冶氏云
許叔重説文解字云鋝鍰也今東萊稱或以大半兩為鈞
十鈞為鍰鍰重六兩大半兩若然鍰鋝一也言大半兩是
三分兩之二鄭意以此為正故不從諸家以六兩為鍰且
古者言金金有兩義若相對而言則有金銀銅鐵為異若
散而言之揔謂之金是以考工記云六分其金而錫居一
之等皆是銅是以禹貢揚州云貢金三品孔以為金銀銅
鄭以為銅三色是對散有異但古出金贖罪皆據
銅為金若用黃金百鍰乃至大辟千鍰無濟之理 **旅于**

上帝則共其金版饗諸侯亦如之注鉼金謂之版此版所施未聞　釋曰旅上帝謂祭五天帝於四郊及明堂饗諸侯謂若大行人上公三饗侯伯再饗子男一饗之等此旅上帝及饗二者皆設金版鄭云所施未聞也凡國有大故而用金石則掌其令釋曰用金石而云大故上謂寇戎為禦捍之器有用金石者也注主其取之令也用金石者作槍雷椎椁之屬　釋曰職金主受金則所出之處故主其取金之令云金石者作槍雷椎椁之屬者皆謂守城禦捍之具

司厲掌盜賊之任器貨賄辨其物皆有數量賈而楬之入于司兵注鄭司農云任器貨賄謂盜賊所用傷人兵器

及所盜財物也入于司兵若今時傷殺人所用兵器盜賊
贜加責沒入縣官　釋曰云入於司兵者其任器多是金
刃所盜貨財雖非金刃以其贜物亦入司兵給治兵刃之
用故並入司兵也先鄭云若今時傷殺人所用兵器盜賊
贜加責沒入縣官者其加
責者即今時倍贜者也　**其奴男子入于罪隸女子**
入于舂槀　釋曰云男子入於罪隸者則司隸職中國
之隸謂之罪隸百二十人者是也云女子
入于舂槀者地官
舂人槀人是也　**注**　鄭司農云謂坐爲盜賊而爲奴者輸
於罪隸舂人槀人之官也由是觀之
今之爲奴婢古之罪人也故書曰予則奴戮女論語曰箕子
爲之奴罪隸之奴也故春秋傳曰斐豹隸也著於丹書請
焚丹書我殺督戎恥爲奴欲焚其籍也玄謂奴從坐而沒
入縣官者男女同名　釋曰先鄭引尚書予則奴戮女及
論語箕子爲之奴皆與此經奴爲一若後鄭義尚書奴
爲子若詩樂爾妻奴奴即子也後鄭不破者亦得爲一義

云春秋傳者左氏傳襄公二十三年云初斐豹隸也著於丹書欒氏之力臣曰督戎國人懼之斐豹謂宣子苟焚丹書我殺督戎引之者證隸爲奴云女謂奴男女從坐沒入縣官者謂身遭大罪合死男女沒入縣官漢時名官爲縣官非謂州縣也

凡有爵者與七十者與未齔者皆不爲奴

注有爵謂命士以上也齔毁齒也男八歲女七歲而毁齒 釋曰云有爵謂命士以上也者見典命公侯伯之士皆一命天子之士皆三命以下可知云男八歲女七歲而毁齒者家語本命篇之文也曲禮云悼與耄雖有罪不加刑焉是未齔不加刑又不爲奴若七十者雖不爲奴猶加其刑至八十始不加刑以其八十九十始名耄故也

犬人掌犬牲凡祭祀共犬牲用牷物伏瘞

亦如之注鄭司農云牷純也物色也伏謂伏犬以王車轢之瘞謂埋祭也爾雅曰祭地曰瘞埋　釋曰先鄭云牷純也者案尚書微子云犧牷牲用注云犧純毛牷體完具彼牷與犧相對是犧為純毛牷為體完具此無犧故以全兼純也云伏謂伏犬以王車轢之者此謂王將祭而出國軷道之祭時即大馭所云者是也但軷祭之時大羊俱得故生民詩云取羝以軷是以聘禮注云其用牲犬羊可也是其兩用也云瘞謂埋祭也者謂祭地之時故引爾雅為證若然經云用牷物既純毛則牧人云陽祀用騂牲陰祀用黝牲之類也

凡幾珥沈辜用駹可也釋曰幾珥言凡則宗廟社稷壇廟新成者皆釁之故云凡也云沈辜者沈謂沈牲於水辜謂疈磔牲體以祭云用駹者駹謂雜色牲此則牧人云毀事用駹是也云可也者用純為正用駹亦可也注故書駹作龍鄭司農云幾讀為庪爾雅曰祭山曰庪縣祭川曰浮沈大宗伯職曰以埋沈祭山川林澤以罷辜祭四方百

物龍讀爲駹謂不純色也玄謂幾讀爲刉珥當爲衈刉衈
者釁禮之事　釋曰先鄭讀幾爲庪雖引爾雅後鄭不從
引大宗伯證沈辜於義是也云玄謂幾讀爲刉從士師爲
正珥讀爲衈從雜記爲正云釁禮之事者據雜記而知也

凡相犬牽犬者屬焉掌其政治注相謂視擇知其善惡　釋曰
犬有三種一者田犬二者吠犬三者食犬若田犬吠犬觀
其善惡若食犬觀其肥瘦故皆須相之牽犬者謂呈見之
故少儀云犬則執緤是也

司圜掌收教罷民凡害人者弗使冠飾而
加明刑焉任之以事而收教之能改者上罪三
年而舍中罪二年而舍下罪一年而舍其不

能改而出圜土者殺雖出三年不齒釋曰此罷民入圜土者不坐嘉石朝士坐嘉石者不入圜土云民教者謂入圜見出使困苦改悔是收教也云害人者謂抽拔兵劍誤以傷人者也云明刑者以版牘書其罪狀與姓名著於背表示於人是明刑也注弗使冠飾者著黑幪若古之象刑與金釋之也鄭司農云罷民謂惡人不從化爲百姓所患苦而未入五刑者也故曰凡害人者不使冠飾任之以事若今時罰作矣　釋曰著墨幪若古之象刑與者案孝經緯云三皇無文五帝畫象三王肉刑畫象者上罪墨象赭衣雜屨中罪赭衣雜屨下罪雜屨而已畫象者則尚書象刑直墨象略言之其實亦有赭衣雜屨無文故云與以疑之也

凡圜土之刑人也不虧體其罰人也不虧財釋曰云刑人不虧體對五刑虧體者也其罰人不虧財對五刑疑出金爲罰虧財者也注言其刑人但加

以明刑罰人但任之以事耳鄭司農云以此知其爲民所苦而未入刑者也故大司寇職曰凡萬民之有罪過而未麗於法而害於州里者桎梏而坐諸嘉石役諸司空又曰以嘉石平罷民國語曰罷士無伍罷女無家言爲惡無所容入也玄謂圜土所收教者過失害人已麗於法者釋曰先鄭以坐嘉石共入圜土二者爲一其義不通故後鄭不從案司寇職及司救職皆上論嘉石之罷民下別云圜土之罰民分明兩事不同故後鄭謂圜土所收教者過失害人已麗於法者與嘉石之罷民是邪惡過淺別也

掌囚掌守盜賊凡囚者上罪梏拲而桎中罪桎梏下罪梏王之同族拲有爵者桎以待弊罪釋曰此謂五刑罪人古者五刑不圜土故使身居三木掌囚守之此一經云五

刑之人三木之囚輕重著之極重者三木俱著次者二下
者一王之同族及有爵縱重罪亦著一而已以其尊之故
也云待弊罪者 注 凡囚者謂非盜賊自以他罪拘者也鄭
禁而待斷之也 司農云拲者兩手共一木也桎梏者兩
手各一木也玄謂在手曰梏在足曰桎中罪不拲手足各
一木耳下罪又去桎王同族及命士以上雖有上罪或拲
或桎而已弊猶斷也 釋曰云凡囚者謂非盜賊自以他
罪拘者也者以其既言盜賊乃別云凡囚明凡囚中無盜
賊盜賊重故爲罪人之首而言之也先鄭云拲者兩手共
一木也者於義是以其拲字共下著手又與梏共文故知
兩手共一木以桎與梏同在手則不可故後鄭不從而謂
在手曰梏在足曰桎此無正文宜以先言梏後言桎故知
義然若然中罪先言桎後言梏者便文不據先後也 及刑殺告刑于王奉而
適朝士加明梏以適市而刑殺之 釋曰此經謂欲行刑之日

云告刑於王奉而適朝者王意欲有所免故也云以適市
者據庶姓又無爵者也若有爵及王同姓即於甸師也
注告刑于王告王以今日當行刑及所刑姓名也其死罪則
曰某之罪在大辟其刑罪則曰某之罪在小辟奉而適
朝者重刑爲王欲有所赦且當以付士士鄉士也鄉士加
明梏者謂書其姓名及其罪於梏而著之也四時雖有無
梏者至於刑殺皆設之以適市就衆也庶姓無爵者皆刑
殺於市　釋曰經云及刑殺告刑于王者謂死罪刑罪有
二種鄭知有姓名者以其言某之罪明當有姓名也云其
死罪已下文王世子之文云且當以付士士鄉士也者凡
四鄉士遂士縣士方士各自有獄推問之時各於本獄之
所獄成上於王時則使掌囚掌之及欲刑殺掌囚還付士
若然上皆云士師受中協日刑殺刑殺各於本獄之所今
此經云以適市者此文止謂六鄉之獄在國中推問在獄
行刑殺則在市若遂士以下自在本獄之處刑殺之故此
云士鄉士也若遂士已下於此時掌囚亦當付士也云囚

時雖有無梏者案上經王之同族及有爵四時並無梏也云以適市就衆也者王制云刑人於市與衆弃之彼雖據異代法此六鄉之人亦就衆在市也云庶姓無爵者皆刑殺於市據下而知之也此亦據六鄉之人也 凡有

爵者與王之同族奉而適甸師氏以待刑殺

注適甸師氏亦由朝乃往也待刑殺者掌戮將自市來也文王世子曰雖親不以犯有司正術也所以體異姓也刑于隱者不與國人慮兄弟也

釋曰云適甸師氏亦由朝乃往也者上文庶姓等適市文承適朝之下彼此二者隔絶恐不由朝故鄭言之必知此二者亦由朝乃往者文王世子君之親有罪雖然必赦之事故知之云待刑殺者掌戮將自市來也者凡行刑殺協文幹善曰有罪者同而行故待掌戮也引文王世子者欲見雖親有罪亦當刑殺之事彼注體猶連結若直刑異姓不刑同姓 異姓怨生則有逃散之事同姓亦有刑則異姓歸心故云體異

奴也

掌戮掌斬殺賊諜而搏之釋曰自此經以至刑盜于市以下皆據死罪而言此經唯據賊諜二者而言二者雖同大罪仍擇大重者斬之稍輕者殺之搏之則同也注斬以鈇鉞若今要斬也殺以刀刃若今棄市也諜謂姦寇反閒者賊與諜罪大者斬之小者殺之搏當爲膊諸城上之膊字之誤也膊謂去衣磔之　釋曰知斬以鈇鉞者鈇鉞是斬之物案魯語云温之役晉人執衛成公臧文仲言於僖公曰夫衛君始無罪矣大刑有五大刑用甲兵注云諸侯逆命征討之其次用斧鉞注云謂犯斬罪者中刑用刀鋸注云用刀以劓之鋸以笮之如是刀中容棄市其次用鑽笮注云鑽髕俱墨笮劓勢謂宮刑也薄刑用鞭扑以威民故大者陳之原野小者致之市朝是用鈇鉞之事成二年齊侯圍龍頃公之嬖人盧蒲就魁門焉龍人殺而膊之城上齊侯親

鼓之遂滅龍是膊諸城上之事也　凡殺其親者焚之殺王之親
者辜之注親緦服以內也焚燒也易曰焚如死如棄如辜之言枯也謂磔之　釋曰親謂五服五服多
故云凡殺其親據人之親與王之親皆謂五服已內知者
案僖二十五年衛侯燬滅邢公羊傳曰何以名絕曷爲絕
之滅同姓也滅同姓尚絕之況殺緦麻之親得不重乎以
此而言故知親謂緦已上也易曰焚如死如棄如者案離
卦九四突如其來如焚如死如棄如注云震爲長子爻失
正又互體兌兌爲附決注子居明法之家而無正何以自
斷其君父不志也突如震之失正不知其所如又爲巽巽
爲進退不知所從不孝之罪五刑莫大焉得用議貴之辟
刑之若如所犯之罪焚如殺其親之刑死如殺人之刑
也棄如流宥之刑引之者證焚如是殺其親之刑也　凡
殺人者踣諸市肆之三日刑盜于市注踣僵尸也肆猶申

也陳也凡言刑盜罪惡莫大焉釋曰除上三者之外皆陳尸於市肆之凡三日也凡罪之麗於

灋者亦如之唯王之同族與有爵者殺之于

甸師氏釋曰正刑有五科條二千五百麗附也上附下附是罪附于法法即五刑是也云亦如之者合入死者亦踣之合入四刑者雖不踣亦刑之在市故總言亦如之云唯王之同族與有爵者殺之于甸師氏者謂不踣踣者陳尸使人見之既刑於隱處故不踣之注罪二千五百條上附下附刑五而巳於刑同科者其刑殺之一也釋曰云罪二千五百條者司刑文云上附下附刑五而巳者禮記云喪多而服五罪多而刑五上附下附是也云於刑同科者其刑殺之一也者事雖異各有五百同科及其同刑同殺一也凡軍旅田役

斬殺刑戮亦如之注戮謂膊焚辜肆釋曰此云軍旅田役斬殺刑戮皆使掌戮

爲之寮士師大帥帥其屬而禁逆軍旅犯禁者而戮之鄉
士云凡國有大事則戮其犯命者遂士亦云凡郊有大事
則戮其犯命彼並不使掌戮者此等皆權時之事軍旅之
間或有臨時即決不假掌戮者也是以戎右職云掌戎車
之兵革使注云使謂王使以兵有所誅斬也引
戰于殽襄公縛秦囚使萊駒以戈斬之是也 墨者使
守門 注黥者無妨於禁禦 釋曰此人即
閽人掌守王中門之禁令者是也 劓者使守
關 注截鼻亦無妨以貌醜遠之 釋曰此則王
畿五百里上面有三關十二關門劓者守之 宮者使
守內 注以其人道絕也今世或然 釋曰此所
守則寺人之類守正內五人之等是也 刖者
使守囿 注斷足驅衛禽獸無急行 釋曰此刖囿遊亦
如之者墨者守門刖者於囿中驅禽獸者也 髡
者使守積 注鄭司農云髡當作完謂但居作三年不
虧體者也玄謂此出五刑之中而髡者必

王之同族不宮者宮之爲翦其類髡頭而已守積積在隱
者宜也 釋曰先鄭以髡爲完但居作三年不虧體以此
爲圜土罷民解之不從者掌戮所掌皆虧體獨以此爲不
虧體於義不可故後鄭引文王世子解之也云謂此出五
刑之中而髡者必王之同族不宮者此鄭亦無正文若合
宮者宮之今案文王世子據諸侯法云公族無宮刑不翦
其類王家同族犯灋罪者亦當與諸侯同不宮之亦是不
翦其類之色案王同族犯餘罪刑於甸師氏刑於隱處今
同族既不宮亦當於隱處罰之此守積亦是隱處故知髡
者使守積是王同族不宮者必矣是以鄭云守積積在隱
者宜也

司隸掌五隸之灋辨其物而掌其政令

注五隸謂罪隸四翟之隸也物衣服兵器之屬 釋曰此
與下爲目云物衣服兵器之屬者即下文云使之皆服其

邦之服執其國之兵是也帥其民而搏盜賊役國中之辱事為百官積任器凡囚執人之事注民五隸之民也鄭司農云百官所當任持之器物此官主為積聚之也玄謂任猶用也　釋曰云五隸之民也者上序官五隸皆百二十負負外皆是民故云五隸之民也云任猶用也者用器除兵之外所有家具之器皆是用器也邦有祭祀賓客喪紀之事則役其煩辱之事注煩猶劇也士喪禮下篇曰隸人涅廁　釋曰引士喪禮下篇者既夕禮文云涅廁者死者不復用故窒涅示不用引之者證煩辱之事不言祭祀賓客事者以無文意義可知也掌帥四翟之隸使之皆服其邦之服執其邦之兵守王宮與野

舍之厲禁注野舍王行所止舍也厲遮例也釋曰云服其邦之服執其邦之兵者若東方南方衣布帛執刀劒西方北方衣氊裘執弓矢云守王宮與野舍者即師氏職云帥四夷之隸守王宮野舍亦如之者是也

罪隸掌役百官府與凡有守者掌使令之小事注役給其小役釋曰云小役者止謂給其小小勞役之事謂若大役非隸所共故以小役解之

凡封國若家牛助爲牽徬注鄭司農云凡封國若家謂諸侯立大夫家也牛助爲牽徬此官主爲送致之也玄謂牛助國以牛助轉徙也罪隸牽徬之在前曰牽在旁曰徬釋曰先鄭不解牽徬故後鄭增成之玄謂牛助國以牛牛助轉徙也者國家以官牛助諸侯及大夫家運物往至任所

云在前曰牽者謂車轅內一牛前亦一牛今還遣二隸牛中
前者牽前牛傍者御當車之牛故據入而言牽傍也

王宮與其厲禁者如蠻隸之事釋曰蠻隸之事在下
文故云如蠻隸事

蠻隸掌役校人養馬其在王宮者執其國之兵以守王宮在野外則守厲禁釋曰
云掌
役校人者爲校人所役使以養馬案校人良馬乘一師四
圉不見隸者蓋是雜役之中執其國之兵蠻隸閩隸俱是
刀劒
也

閩隸掌役畜養鳥而阜蕃教擾之掌子則取隸焉釋曰云掌役畜養鳥者謂若畜鳥氏掌畜
猛鳥阜盛也蕃息也使之盛大滋息又教

擾從注杜子春云子當爲祀玄謂掌子者王立世子置臣
人意使掌其家事而以鬬隸役之 釋曰子春以子爲
祀後鄭不從者司隸職祭祀賓客喪紀三者並言此何得
唯言其一明存子解之於義爲允玄謂王立世子置臣使
掌其家事者言掌家者 事若國事不
使隸今取隸故以家事而言也

夷隸掌役牧人養牛馬與鳥言 釋曰云掌
役牧人者
爲牧人之所 注鄭司農云夷狄之人或曉鳥獸之言故春
役使牧牛牲 秋傳曰介葛盧聞牛鳴曰是生三犧皆用
矣是以貉隸職掌與獸言 釋曰經唯云與鳥言不言獸
先鄭意解鳥言者亦解獸言故兼言之也案僖二十九年
介葛盧聞牛鳴曰是生三犧皆用之矣注云言八律之音
聽禽獸之鳴則知其嗜欲死可知伯益明是術故堯舜使
掌朕虞至周失其道官又在四夷若周未失道官本不在
四夷無解鳥獸之語者何周公盛明制禮使夷隸貉隸與

鳥獸之言然者賈服意誤不與禮合故爲此說其守王宫者與其守厲禁者如蠻隸之事

貉隸掌役服不氏而養獸而教擾之掌與獸言注不言阜藩者猛獸不可服又不生乳圈檻也釋曰夷貉相近是以亦解獸言若然夷隸既鳥獸之言俱解則此貉隸解獸言亦解鳥言互見之也其守王宫者與其守厲禁者如蠻隸之事

周禮疏卷第四十二